追寻路易十四的

〔法〕提叶西·阿波西 著

〔法〕安托万·龙佐 绘

张颉文 译

人民文学出版社

PEOPLE'S LITERATURE PUBLISHING HOUSE

著作权合同登记：图字 01-2020-2195 号

Author: Thierry Aprile, Illustrator: Antoine Ronzon

Sur les traces de Louis XIV

© Gallimard Jeunesse, Paris, 2010

图书在版编目（CIP）数据

追寻路易十四的足迹 /（法）提叶西·阿波西著；
（法）安托万·龙佐绘；张颉文译. -- 北京：人民文学
出版社，2024. --（历史的足迹）. -- ISBN 978-7-02
-018858-1

Ⅰ. K565.309

中国国家版本馆 CIP 数据核字第 2024BD3251 号

责任编辑　卜艳冰　杨　芹
封面设计　汪佳诗

出版发行　人民文学出版社
社　　址　北京市朝内大街 166 号
邮政编码　100705

印　　制　安徽新华印刷股份有限公司
经　　销　全国新华书店等

字　　数　63 千字
开　　本　889 毫米 ×1194 毫米　1/32
印　　张　4
版　　次　2024 年 8 月北京第 1 版
印　　次　2024 年 8 月第 1 次印刷

书　　号　978-7-02-018858-1
定　　价　49.00 元

如有印装质量问题，请与本社图书销售中心调换。电话：010-65233595

目　录

波旁家族　　　　　　　哈布斯堡家族

亨利四世
法国国王
1589年—1610年在位
＋玛丽·德·美第奇
（1573年—1642年）

腓力三世
西班牙国王
1598年—1621年在位

路易十三
法国国王
1610年—1643年在位
＋奥地利的安妮
（1601年—1666年）

腓力四世
西班牙国王
1621年—1665年在位

路易十四
法国国王
1643年—1715年在位
＋玛丽亚·特蕾莎
（1638年—1683年）

卡洛斯二世
西班牙国王
1665年—1700年在位

王太子路易
（1661年—1711年）
＋巴伐利亚的玛丽亚·安娜
（1660年—1690年）

勃艮第公爵路易
（1682年—1712年）
1711年—1712年
为王储
＋萨伏依的玛丽亚·阿德莱德
（1685年—1712年）

贝里公爵
查理
（1686年—1714年）

安茹公爵
腓力
西班牙国王
1700年—1746年在位

路易
（1704年—1705年）

布列塔尼公爵
路易
（1707年—1712年）
1712年为王储

路易十五
法国国王
1712年—1715年为王储
1715年—1774年在位

圣马

南特

波尔

圣让德吕兹

比利牛斯

西班牙

联省共和国

敦刻尔克

西属尼德兰

里尔

神圣罗马帝国

默兹河

梅斯

凡尔赛

巴黎

斯特拉斯堡

汝拉山脉

索恩河

罗讷河

阿尔卑斯山脉

佩皮尼昂

马赛

扩张的王国

通过军事和外交努力，路易成功将法国的国境扩展到了地理边界：南抵比利牛斯山脉，东达阿尔卑斯山脉、汝拉山脉和莱茵河。不过，法国向北的扩张遭遇了重重困难。

路易十四统治时期并入法国的领土

加冕礼

兰斯，1654 年 6 月 7 日。

周日，黎明时分，大教堂前人潮涌动。

"你看到了什么吗？"

"什么都看不到。不过有人跟我说，王太后和马萨林红衣主教已经到教堂了。贵客、嘉宾也纷纷到了。许多大使、主教还有法国势力最大的领主们都来了。"

"看哪！乐师、白衣骑士、瑞士近卫队，还有国王！"

"国王看起来还是个孩子！"

"十五岁，年纪的确不大。"

教堂里，坐在上座的是奥地利的安妮。她是西班牙国王的女儿，嫁给了法王路易十三成为法国的王后，她的儿子路易·迪厄多内就是现在的国王。今年已经五十三岁的她身材高大，风韵犹存，脸上带着庄严的神色，精神饱满。站在王太后身旁的是身穿枢机主教红袍的儒勒·马萨林，在他随和、圆润的脸上，智慧的双眼闪烁着炯炯有神的目光。这位因为深谙敛财之道而遭人嫉恨的红衣主教，此刻正细细品味着他的成就。红衣主教马萨林温柔地看着眼前的王太后，俯身说道：

"太后您看，我圆满地完成了您托付给我的任务，我们捍卫了王权。法国国王的加冕礼已经举办了一千年，希望法兰西王国可以千秋万代……"

新王路易将手放在《福音书》上，开始他的加冕宣誓：

"我向我的子民宣誓：我保证，我将捍卫国家的和平，维护法治的公正，宽大为怀，消灭法国土地上教会认定的所有**异教**。"

宣誓过后是为新王涂圣油的环节。

主教靠近国王，对他说：

《福音书》：《圣经·新约》的重要部分。

异教：不被教会认可的宗教信仰。

"陛下，这是圣油瓶，瓶子里装的圣油能让您成为上帝在人间的代言人，违背您的旨意将如同亵渎神灵。"

根据传说，这圣油是公元496年法兰西王国国王克洛维一世接受洗礼时，由一只鸽子携带着从天而降的。主教按照严格的顺序在年轻国王的身上涂抹圣油：先是头顶，随后是胸口，再到后背、右肩和左肩，最后是右臂内侧和左臂内侧。

接着，全法国最有势力的领主们相继来到路易跟前，向他献上法兰西王国的象征：

"陛下，这是乔耶斯加冕剑。"

"金马刺将捍卫您军队的荣耀。"

"查理曼之冠，荣耀、庄严的王冠，让您能统治全宇宙。"

"银底黑斑纹部分象征白天、蓝色部分象征夜晚的王袍。"

"赋予您绝对权威的国王权杖。"

"象征着您天赐权力的正义之手。"

加冕礼的最后，众多鸽子被放飞天空，音乐以一种难以描述的庄严感在耳边奏响，礼炮声和火枪声齐鸣，这些声音渐渐被人群里"国王万岁"的喊声淹没。聚集在教堂门廊前的幸运者们向身后的人群描述他们的所见所闻：

"国王端坐在王座之上，盯着我们看呢！多么庄严！"

接下来的整个星期，兰斯城见证了各种奢华的庆祝活动。加冕典礼结束后的第二天，国王路易经过由三千名下跪的病人组成的行列，向他们伸出右手，画着十字说：

"上帝将抚慰你们，上帝将把你们治愈。"

在之后的日子里，国王每逢宗教节日，比如复活节、圣灵降临节、诸圣瞻礼节、圣诞节，都要重复这国王触摸礼。这不仅象征着国王的权威，还寓意上帝赋予了他治愈**顽疾**的神力。

顽疾：难以治愈的疾病。

就这样，路易在大贵族、民众和上帝的见证下，成了法兰西王国的国王。实际上，在父亲路易十三去世后，路易就已经于1643年5月18日正式成了法国国王。那时的他只有四岁半。依照传统，在路易长大之前，他的母亲——奥地利的安妮将代为摄政。不过，这段时间实际掌权的人是红衣主教马萨林。王太后任命红衣主教为枢密院的首领，主管王国政务。

年轻的路易最大的兴趣爱好就是体育锻炼，鞍马和击剑他都很喜欢。他爱弹六弦琴、跳舞，并且喜欢在公众场合表演。他还常常骑马外出打猎、散步。夜晚，他喜欢观看喜剧或芭蕾舞表演。有时他还会打台球，或者是像王室其他成员一样，在赌桌上一掷千金。

路易根本不听他老师的话，却很听马萨林的建议。作为路易的教父，马萨林同时也扮演了路易养父的角色。

路易经常参加枢密院会议，重大的决定都是在这些会议上做出；他经常花好几个小时批阅奏折；他巡视他

的王国，既是想看看他的臣民，也是想让臣民可以看到他。在最著名的军队元帅蒂雷纳的陪伴下，路易在战斗中考验自己的勇气。老谋深算的马萨林则带着路易探索外交和谈判的艺术。马萨林教会路易如何让自己身边的臣子勤勉、高效，如何时刻对他们保持警惕。马萨林还让路易懂得，要想成为受人尊敬的王者必须花重金让自己被美丽的事物包围并纵情享乐。年轻的国王开始爱上自己的这份伟大、高尚、令人愉快的职责，并且意识到，要想维护他的荣耀和王国的利益，需要付出艰苦的努力。

1660 年 8 月 26 日，距离加冕礼已经过去六年。刚刚在圣让德吕兹与玛丽亚·特蕾莎结婚的路易，洋洋得意地返回了巴黎。二十来岁的新婚夫妇端坐于城郊路口的高台上，在他们面前，通向罗浮宫的圣安托万大道已被树叶、帷幔、绘画和卡纸做的凯旋门等饰物装点。他们的队伍即将走上这条大道。两人面对的是一片人海，可能三分之一的巴黎人这天都来到了这里，欢迎国王和王后归来。玛丽亚·特蕾莎是西班牙国王最小的女儿、安妮王太后的侄女，她看起来有些羞涩、笨拙、局促不安。她忍不住将仰慕的眼神投向自己的国王丈夫。路易用他威严、不动声色的神态和潇洒的

举止震撼着在场的所有人。

距离两人不远处，安妮王太后的长裙在阳光下闪闪发光。太后的微笑中却透着一丝忧虑，她侧身问身边的马萨林：

"主教先生，咱们接下来和西班牙能保持和平吗？"

"当然可以，这场王室婚礼就是预兆，令人愉悦的好兆头。二十五年来的战争已经让您的臣民精疲力竭。"

"这样最好。可是先生，您觉得我的儿子会是一位好丈夫吗？似乎没有东西能让他完全尽兴。功课上他也不怎么勤奋认真，整天都在忙着给自己找乐子。他可真是玩心太重！"

"只要他能将国家的发展维持在正确的方向，您又何必去责怪他的小乐趣呢？如果说好听的乐曲对他来说比枯燥的会议更有趣，那可是件好事呢！有人曾告诉我，说国王深深地爱上了我的侄女曼奇尼，但是他知道应该放弃这份情感。您别相信这些表象的东西，国王明白自己的责任！您好好看看他，一到公共场合，国王就能立刻调整好表情，就像是要登台表演一样。看看他调整得多好呀，他的这副仪表让他看起来高大了许多。"

这场宏大的婚礼结束后不到一年，1661年3月9日上午，马萨林在他的城堡中去世。惊慌失措的路易躲在门后，望着红衣主教在一群幕僚的簇拥下接受最后的圣油。路易心里明白，他既期待又害怕的那一刻到来了。

红衣主教马萨林去世几小时后，部长、国务秘书、王国的大贵族们聚集到罗浮宫的太后寝殿里召开会议。路易平静地用一种严肃的声音宣布：

"历代法国国王在上，如今可以宣称，世界上再也没有哪个家族拥有比法国王室更优秀的家族成员、更古老的王室血统、更强大的统治、更绝对的权力……"

到场的贵族均表示同意。

"我曾让已故的红衣主教先生代我管理我的国家，现在是时候由我亲自来治理了。先生们，我已经决定，要将所有领主的权威集中在我的手里，由我亲自发布政令；我希望将统治者和管理者两个角色集于一身。我需要各位的宝贵意见时，会传唤你们的。"

听到这戏剧般出人意料的宣言，全场一片寂静，想要争当新任红衣主教的几个部长更是大惊失色。

路易已经摆脱了过去在公众场合发言时困扰他的胆怯。在这个庄严的时刻，他知道他终于成了国王，而且仿若天生的王者。

君权神授的君主专制制度

这是由波旁王朝的历代国王慢慢在法国建立起的制度。他们致力于将庞大且内部有各种分歧的法兰西王国建设成集权国家。在一个集权国家里，国王的权威不容置疑。

王冠

黎塞留红衣主教跟随路易十三

黎塞留红衣主教（1585 年出生于巴黎，1642 年在巴黎去世）
1624 年他进入枢密院，建议路易十四的父亲——路易十三施行让法国和法王更伟大的政策，并被任命为该政策的执行者。

奥地利的安妮

路易十三的王后奥地利的安妮（1601 年出生于西班牙的巴利亚多利德，1666 年在巴黎去世）
安妮出生在哈布斯堡家族。这个大家族统治着大部分欧洲。她于 1615 年和路易十三成婚。1638 年路易·迪厄多内出生后，她开始把儿子的利益放在首位，而不再维护她的兄长——西班牙国王的利益。

路易十四会见西班牙国王腓力四世（公主玛丽亚·特蕾莎也在场）

路易和玛丽亚·特蕾莎的婚礼

路易和西班牙国王的女儿玛丽亚·特蕾莎的婚礼于 1660 年 6 月 9 日在圣让德吕兹举行。这场联姻是 1659 年《比利牛斯和约》的条款之一，标志着西班牙天主教国王和法国基督教国王之间的战争结束。

枢机主教马萨林

> "路易根本不听他老师的话，却很听马萨林的建议。作为路易的教父……"

红衣主教儒勒·马萨林 1602 年出生于意大利的佩希纳，1661 年在万塞讷去世。

来自意大利的红衣主教，被奥地利的安妮王太后任命为摄政委员会的主席。投石党运动时期（1648 年—1653 年），在多年内战中，马萨林成功战胜了敌人，为法国王室夺回了政权。他还在面对另外两个哈布斯堡王朝统治的国家——奥地利和西班牙时，成功确立了法国的优势地位。

逮捕富凯

1661 年 8 月 29 日，和往常夏天一样，路易在四十几名骑兵的护送下，离开了王廷所在的枫丹白露宫。9 月 1 日，国王一行人抵达了南特。他们穿过吊桥，进入了曾是布列塔尼公爵官邸的宏伟城堡。显然，刚结束长途旅行的国王非常高兴，从马背上翻身下来的他充满青春活力和朝气。他向同行人员说：

"先生们，我们这次来是为了出席布列塔尼省三级会议，但是在心里，我们得时刻将整个王国的利益放在第一位。"

随后一行人回到各自的房间。国王利用这片刻的清静，回想和柯尔培尔的最后一次会谈。四十岁的让 - 巴蒂斯特·柯尔培尔总是眉头紧锁、神色严肃。他最爱做的事情，就是绞尽脑汁，从文学、艺术、宗教、政治以及金钱中寻找方法，来处理情感、思想和国家事务上的问题。他像他**族徽**上的水蛇一样耐心又诡计多端，不知疲倦地守护着自己、家族和王国的利益。

族徽：家族的徽章。

柯尔培尔同时还管理着马萨林主教的巨额财产。和其他人一样，他也希望能在国王面前获得不可替代的地位。他的主要对手是财政总管尼古拉·富凯。富凯讲究排场，生活异常奢侈，他几乎公开地表露过自己想要继承马萨林地位、成为王国真正主人的野心。

"柯尔培尔，我清楚您的用功、智慧和廉洁，请问您怎么看待咱们的财政总管？"

"陛下，臣以为，富凯先生可能把国家的财富和自己的弄混了。他借钱给陛下的时候，把自己当作普通人；在搜刮财富的时候，又拿出总管的身份。他和他的**包税人**迟早会搞垮法国的。陛下还记得去年富凯在他的沃勒维孔特城堡为您举办的那场宴会吗？"

包税人：负责发放贷款和征收税款，并从中赚取佣金的金融家。

柯尔培尔戳到了国王的痛处。对路易来说，那座属于富凯私人的富丽堂皇的城堡依旧历历在目。路易忘不了建筑师勒沃的精美设计，忘不了勒布兰绘制的精美装饰，忘不了园艺师勒诺特雷设计的、装点着喷泉的花园，忘不了吕里所作的优雅乐曲，更忘不了莫里哀这位杰出的喜剧演员给宾客们带来的笑声，整个宴会各个细节都完美无瑕。他忘不了那次宴会的一切，特别是宴会尾声

的烟花，像金色的雨，洒在他的随从们身上。路易也想得到这一切，他认为这是他辛苦治理国家所应得的回报，也是国王荣誉的象征。

"柯尔培尔，你的意思是说，富凯为了中饱私囊随意征税了？看来搞垮国家已经不能满足他了，他还要通过征税让法国人民憎恨我们！"

"陛下，有人告诉我，他在他的美丽岛上筑起了防御工事，和英国人密谋，计划背叛法国。"

路易早已听过这样的传言。他陷入了漫长的思考，是时候做决定了。

9月5日，这天是路易的二十三岁生日。在南特城堡的一个房间里，年轻的国王和财政总管正在工作。多年来和西班牙的战争已经让国家负债累累，国王让富凯解释，打算采用什么方法来填补国家的财政缺口。终于，两人会谈结束了。

"陛下，我由红衣主教任命，负责为国家政策筹款。过去这漫长的九年里，我不负众望，而且我自认为是完成这项任务的最佳人选。"

"您说得没错，先生，我很欣赏您对我的一片忠心。"

"我想忠于家族纹章上的松鼠，像家训所说的那样：'要爬到多高为止？'"

路易的脸上露出了一丝微笑，说：

"我倒要看看您能爬到多高呢。我倾听并咨询顾问们，但是现在我已经下定决心：上帝让我为王，只要我心存善意，他就会为我提供我所需要的所有光。"

告退后，当富凯发现达达尼昂出现在自己的面前时，立刻意识到了大事不妙。查尔斯·达达尼昂曾是**从军的加斯科涅贵族子弟**中的一员，他来到王宫想要在军队中闯出点名堂。达达尼昂成为火枪部队少尉之后，就专门负责处

从军的加斯科涅贵族子弟：来自法国西南部，是没落贵族中无法继承家产的男性成员。

理一些棘手的事务。他靠近富凯，向他宣读国王的旨意：

"我，路易，上帝任命的法国国王，下令逮捕财政总管尼古拉·富凯。"就这样，这位聪明绝顶、大权在握、让人仰慕又忌惮的大臣，突然变得一无所有。在达达尼昂和手下士兵的护送下，在沿途民众的嘘声中，他的豪华马车驶向将要关押他的巴黎监狱。

1661 年一整年，路易多次进行公开审判，还增加了与大臣私下会谈的次数。他认真仔细地听着各种消息，想要知晓、掌控王国里发生的一切。通过确定枢密院的开会频率，以及制定各大臣、国务秘书和顾问的职责权限，路易确立了政府的组织架构。

每隔一天，在用**正餐**前，路易会在所处的宫殿里选

正餐： 国王下午一点开始的一顿饭，现代意义上的午餐。

一个房间，召开高层会议。高层会议是最高级别的委员会，负责处理国家最重要的事务。路易坐在镶着金银的红色天鹅绒扶手椅上，身前的长桌盖着百合花徽镶边的紫色天鹅绒台布。大臣们围着长桌，纷纷坐下。

平时，路易很少开口。但在 1661 年 11 月 1 日这天，法兰西的王太子小路易降生了。也就是说，王朝的未来有了保障。这天的高层会议上，国王在致开幕词时，显

得比以往任何时候都更有口才。在他面前，没有王国大公、达官贵人，也没有宗教界的显贵，只有三位在马萨林麾下锻炼成长起来的老臣。这三人各自的年岁都至少是路易的两倍，他们分别是：米歇尔·勒泰利埃，过去十八年里一直担任国务大臣，负责处理战争事务；于格·德·利奥纳，诡计多端的外交官；还有取代了富凯成为财政总管的让－巴蒂斯特·柯尔培尔。

讲话一开始，国王就点明了他的新目标：

"先生们，我准备遵循先辈的遗志，将我的威严、崇高、伟大以及声誉播撒全世界。看那太阳！它将恩泽洒向四方，让各处充满生机、欢乐与活力；它运动不止，却显得波澜不惊；它前进的轨迹恒定不变，永不偏离也永不改道。毋庸置疑，它就是伟大君主最生动、最美好的象征。太阳今后将是我的标志，我的纹章图案将是至高无上的。"

自路易十三驾崩后，投石党运动的爆发，王室的权力受到了来自大贵族、议会（尤其是巴黎议会）、城市和乡村人民，甚至是宗教人士的挑战。此刻，在枢密院的大臣面前没必要重提这段往事，正是他们的努力，让国王在国内重新树立了威信。尽管如此，这几位大臣还是为这位年轻国王的狂言感到惊讶。

"我打算终止眼下的混乱局势，让所有质疑我决断的人臣服于我。"

路易和同时代的所有人一样清楚，他的王国国库充盈，人口位列欧洲第一。他继续说道：

"各位都清楚，金融家们善于窃取我的财富。我打算调整国家的收入和开支，亲自在账本上签字，在柯尔培尔先生的协助下逐条修订预算，今后柯尔培尔先生将是咱们的好盟友。我在经济和王国的管理方面有很多计划，柯尔培尔先生会向我及时汇报这些计划的进展。"

作为一个对扩张领土乐此不疲的王朝继承人，路易并不打算停下加强集权的脚步。

"自从和我的岳父西班牙国王签订和平协议以来，王国周围一片安详，我们的敌人们都转向中立。但是他们并没有放松警惕。所以我要在任何时候都能知道我的军队数量和素质、各要塞的状况，并能亲自下令满足军队的所有需求。"

他很清楚征服靠的不仅是武器，还需要外交手段的加持。

"我希望外交官员们能将所有外交函件都交给我，

我会亲自回复。我将向来访的大使们展现我的威严，并让他们认识到反对我所要付出的代价！"

路易最后向在座的各位安静听讲的大臣总结道：

"先生们，虽然我以后不得不向全世界以及后世子孙公开我的行为，但是要知道保密是政治的基础之一。只有保守秘密，快速完成眼前如此多的计划，我的统治才能成功且伟大。我希望在各位身上看到服从、热忱和准确执行。我的感激将会是对各位的奖赏。"

对于那些认为年轻的国王会成为享乐的奴隶或者很快会厌倦国王职务的人们，富凯的下场无疑是一场晴天霹雳。针对富凯毫无悬念的审判在 1664 年 12 月告一段落，这位前财政总管被判处流放。但是记仇的国王路易随后把流放改为将尼古拉·富凯囚禁在皮内罗洛要塞，直到 1680 年富凯去世，也没有重获自由。

路易十四继承的法国

是当时全欧洲人口最多（超过两千万人），或许也是欧洲最富有的国家。为了彰显他的荣耀，满足他的野心，路易十四在大臣们的帮助下，尝试增加国家的财力。同时，他肆意攫取人民的财富。

王室工场

虽然有的工场有生产诸如丝绸、玻璃和瓷器一类奢侈品的垄断地位，然而大部分还是主要生产更普通的产品（比如纺织品和武器）。

路易十四参观戈布兰王室工场

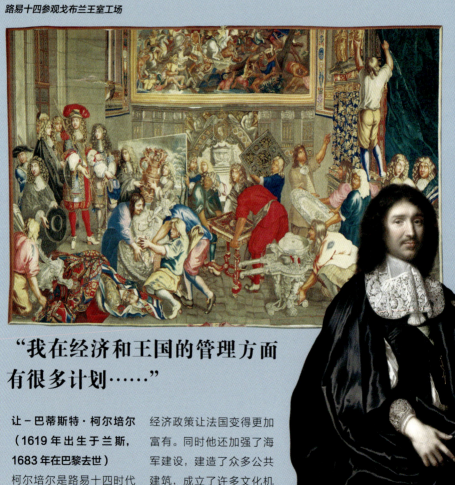

"我在经济和王国的管理方面有很多计划……"

让－巴蒂斯特·柯尔培尔（1619年出生于兰斯，1683年在巴黎去世）

柯尔培尔是路易十四时代最有名的大臣。通过一系列整治，以他名字命名的经济政策让法国变得更加富有。同时他还加强了海军建设，建造了众多公共建筑，成立了许多文化机构。柯尔培尔死后，国王重用了许多他的后世子孙。

贸易城市

和许多河流一样，塞纳河是确保城市财富交流的重要通道。在这里，从事制造业和商业的资产阶级以及身着华服的贵族们统治着普通市民。

农民

虽然被鄙视和忽略，农民其实占到了法国人口的大部分。用粮食或金钱向地主、教会、贵族和国王等缴纳完税款之后，他们很难再有尊严地活下去。

农民家庭在室内（勒南）

弗朗索瓦·卢瓦（1639年生于巴黎，1691年在凡尔赛去世）
他是柯尔培尔的政敌，是父亲米歇尔·勒泰利埃的继任者、好伙伴，负责管理法国强大的军队，如步兵、火炮、军备以及军需等。他要确保国王无论在国内还是在国外，任何情况下都可以使用军事手段解决问题。

卢瓦

魔法岛的乐趣

1664 年 5 月 6 日至 13 日，凡尔赛宫的花园里。

哨声响起，喷泉设计师打开了重重的水阀门。水柱有力地喷出，冲到了十几米的高空。壮观的景象让在场的人不禁都抬起了头。国王正在凡尔赛宫的花园里散步。凡尔赛宫距离巴黎四**法里**，老国王路易十三曾在这里建造了一座狩猎行宫。陪伴在国王左右的有朝廷第一贵族圣艾尼昂公爵、园艺师勒诺特雷、首席喷泉设计师老弗兰奇尼和他的两个儿子。他们刚刚到动物园观看完珍稀动物。

勒诺特雷的花园设计此刻已经基本完工，花草树木也都已经种下。园艺师饱含激情的介绍，让国王一行人眼前浮现了庭院的全貌：方形的花园，栽有橡树、枫树、栗树、山毛榉、千金榆、白蜡树的众多树丛；所有树篱修剪整齐，藏在榛树篱后的，还有由椴树、花楸、甜樱桃树组成的小灌木丛；**林木修剪术**

法里： 法国旧时的计量单位，1 法里等于 4 公里。

林木修剪术： 将林木修剪成几何图形或动物图案等形状的园艺技术。

处理后的松树、紫杉、黄杨、云杉组成了奇丽的景色；草坪上，氤氲着五月花坛的芬芳。这一切，仿佛是一出戏剧的舞台。

"橘树呢，勒诺特雷？您知道，这可是我最爱的果树。"

"陛下，橘园马上就完工了，建成后，能容纳两千个**培养箱**。"

园艺师的介绍，不仅给这些植物景观注入了生命力，还让大家明白了喷泉、水池和雕塑分别代表大自然的哪些神灵，各有什么含义。在近处，可以看到古典神话中的诸神：花神和森林女神，

培养箱：能够提供不同的环境，供植物生长。

林神和农牧神，海神以及仙女们……在远处，有象征着一年四季十二个月还有世界四个部分的神……而凌驾在这些天神、女神、大自然万物和四季之上的，是太阳神阿波罗。

国王一行人来到了以希腊神话的海中仙女忒提斯命名的洞室，弗兰奇尼父子在这里用岩石、水晶、贝壳和卵石创造了一片新天地。

"陛下，您听见了吗？"

"是鸟儿，弗兰奇尼，是鸟叫吧。"

"陛下，请您再仔细听听。"

原来那是一个精巧的水力装置，操控着管风琴，发出了似鸟鸣一般的声音。路易一行人继续前进，来到一个壮观的水池前，工人们正在用木头和画布构筑另一种景致：帐篷、栅栏和柱廊……

"圣艾尼昂，宴会前一切能准备就绪吗？到时候我会邀请六百名左右的宾客。我们得准备好餐食。至于他们住在哪儿，天哪，这地方还是不够大呀。"

国王随后把这位亲信拉到一边，问：

"您给王后准备了什么？"

"一段贺词，陛下。"

"给我看看，我等不及了。"

"宴会第一晚，宫廷舞之后、晚餐之前，会有人向王后献花，并向她朗诵这首小诗。"说完，这位公爵摸出一张小卡片，念了起来：

在新开的花中，

我选了这株**百合**。

百合： 因为法国王室的标志为百合花，所以这里的百合花也象征着法国的王权。

从小到大，您对它情有独钟。

路易让百合日夜光芒万丈，

整个宇宙都对它又敬又怕，

而每当百合映在您的脸颊上，

它们显得更加温柔强大。

　　"好极了……那位让我心动的女子，您又为她准备了什么呢？"

　　"一首歌，陛下，副歌部分是：'在爱情的甜蜜魅力面前，任何人都得缴械投降。'"

　　宴会第一晚来临了，身着王室卫队火枪手制服的达达尼昂宣布宴会开始。一队古典打扮的骑士伴随着号声和鼓声走进会场。坐在阶梯观众席上的人们在队伍中认出了圣艾尼昂。随后国王骑马入场。御马的棕红色马鞍闪耀着金、银和宝石的光芒，国王身上的银色战甲镶嵌着黄金和钻石，他头上的大红色鸵鸟羽毛帽鲜艳夺目。国王身后入场的则是朝廷的最高贵族们，他们也打扮得五颜六色。

　　圣艾尼昂在国王同意后，让国王和宾客们一起演出了家喻户晓的《疯狂的罗兰》选段。观众在人群中认出了"罗兰骑士"和他那些因为被阿尔西内巫师施法而着了魔的同伴。观众接下来将会看到，"罗兰骑士"的爱人安杰丽佳的戒指如何

《疯狂的罗兰》：意大利诗人阿里奥斯托于1516年发表的诗篇。

帮助这些高尚的骑士解除魔咒。然而国王身边的亲信们一眼就看出，这出戏其实演的是国王的私生活。路易现在着了魔，为他的情人——年轻的路易丝·德拉瓦利埃而疯狂。国王的车夫驾着太阳神阿波罗华丽的战车驶来。国王则在背上装了翅膀，手持长柄镰刀，饰演时间之神，被饰演十二小时以及十二星座的演员们簇拥。梦幻剧继续，歌颂骑士们英雄行为和天神下凡、大展神威的剧情轮番上演。接下来，是**套环游戏**，王室成员被分成了两队。

套环游戏： 一种游戏，参与者骑马用长矛射落高挂在柱子上的圆环。

　　夜幕降临，但是数十盏烛台和蒙面侍者们高举白蜡烛，让会场如同白天一般。音乐家吕里出场。跟随在他身后的，除了三十四名乐师，还有四季剧团——莫里哀的演员们。坐在马上的代表春天之神，大象背上的是夏天之神，骑在骆驼和熊身上的分别饰演秋天之神和冬天之神。演员们走向一座遍布树木的高山，那座高山其实是由一辆马车"扮演"。"山"顶上，莫里哀扮演牧神，玛德莱娜·贝雅尔扮演狩猎女神。在他们两人身后，是五十几位扮作神仆的演员，手里端着满是美味佳肴的盘子。他们在王后面前停了下来。牧神、狩猎女神和四季之神一齐向王后朗诵国王事先派人准备好的诗句。与此同时，餐桌也已布置妥当，人们可以准备享用御膳了。

接下来的一周，就好像阿尔西内巫师为了让罗兰骑士的同伴们着魔而施了各种法术一样，为了让宾客尽情享乐，各种娱乐方法层出不穷：花园漫步、筵席、舞蹈、诗歌、比武、体育竞赛、戏剧、音乐会，甚至是**博彩**。

博彩：一种赌博形式。　狂欢的最后一天，安杰丽佳的戒指成功解救了罗兰和他的同伴们。伴随一场壮观的烟火表演，阿尔西内巫师的宫殿被水淹没了。

国王和王室众人回到枫丹白露宫，充斥着工地和沼泽地的凡尔赛宫终于重获安宁。不过它的未来已被敲定。花园的精巧绝伦已成功地让王室成员们赞叹不已，未来的它还将迎接更多场奢华但是短暂的盛宴。另一种装修风格也将会在凡尔赛宫出现，这次的基调是石头和大理石。因为路易很清楚，历史衡量君主的成就，考量的就是他们在位期间修筑宫室的壮观程度和规模大小。路易将宫殿建在凡尔赛，为的是让他的荣耀在未来几个世纪一直闪耀。

成为国王宫殿建筑工程财政总监的柯尔培尔，在画家夏尔·勒布伦和建筑设计师克劳德·佩罗的协助下，开始了工作。为了让巴黎取代罗马成为世界艺术之都，柯尔培尔一心雇用能工巧匠、艺术家和最有智慧的学者，向他们支付津贴，让他们为国王服务。为了能让他们精进技术创造出更好的作品，让凡尔赛宫和其他宫殿更加富丽堂皇，柯尔培尔开设了许多手工工场和绘画、舞蹈、音乐学院。这些机构一般设在收藏了很多王室藏品的罗浮宫里。

用来衬托太阳王无与伦比的事物，没有最美，只有更美。

国王应该鼓励和保护艺术家们

作为回报，艺术家们应该歌颂国王，赞颂他的优点……并掩饰他的缺点。通过征召同时代最伟大的艺术家们为他服务，路易十四可以用各种各样的形式向他的子民展示他作为"全宇宙最伟大国王"的光辉形象。

圣丹尼凯旋门（1672 年在巴黎落成，庆祝对荷兰战争的胜利）

"宴会第一晚来临了，身着王室卫队火枪手制服的达达尼昂宣布宴会开始。"

为了国王的荣耀

纪念性建筑（比如上图中的圣丹尼凯旋门）、雕塑、绘画、奖章、诗歌……这些艺术形式不仅能向世人歌颂国王的伟大，还能够帮助国王流芳百世。

王室节日

作为国王，意味着要举办一些盛极一时的奢侈派对。在这些派对上，服装、会场布置、音乐和宾客的饮食既丰富又奢华，将永远留在人们的记忆中。

法国和意大利的演员们

扮作阿波罗的
路易十四

戏剧

戏剧是当时最受欢迎的表演形式。因为允许不同的论调，所以一场戏剧往往能够引起非常激烈的讨论。在剧作家高乃依之后，法国又诞生了两位戏剧大师——莫里哀和拉辛，分别擅长喜剧和悲剧。两人都和国王来往密切。这两种戏剧随后都被模式化，而且会受到审查。

国王跳舞

路易十四是一位优秀的音乐家和卓越的舞者。他总是大方地在芭蕾剧和歌剧中登台。这些剧作由音乐家吕里编写，结合了舞蹈、音乐和诗歌。国王最后一次登台是在1670年。他对艺术的狂热，不仅是个人爱好，也符合政治需要。

对荷兰的战争

1672 年，路易的军队攻下了许多要塞，占领了大片领土。他们已先后战胜了西班牙和洛林公爵的军队。国王爱上了这件对于君王来说最崇高也是最能铸造丰功伟绩的大事：扩张领土。

4 月 5 日，路易在高层会议上最后一次确认：战争的所有准备工作都已完成。这是卢瓦的第一项使命。他是米歇尔·勒泰利埃的儿子，在父亲的亲自指点下，他承担了这项复杂的任务。

"将士们！我们现在前往北海，路上我们将沿着埃斯考河、默兹河和莱茵河前进。我再也无法忍受荷兰新教共和国的傲慢与狂妄。这个由一群奶酪商人组成的国家，竟然敢挡在上帝为我们开辟的前进之路上！"

柯尔培尔补充说道：

"如果陛下征服了荷兰，他们的贸易就会变成陛下子民的贸易。没有什么比这更有利于王国的繁荣。"

"那就这么定了。卢瓦，军队准备好了吗？"

　　"陛下，我们可以将十二万名士兵分成两个兵团：由蒂雷纳指挥八万人，孔德率领剩下的四万人。"

　　"我们的间谍有什么关于荷兰军队的情报要向我禀报吗？"

　　"荷兰军队共有八万人，由一位二十二岁、资质平庸的将领指挥，他是**奥兰治的威廉**。"

　　"好极了！那么利奥纳，您那儿进展得怎么样了？"

　　负责外交事务的利奥纳也给出了让国王满意的回答：

奥兰治的威廉：奥兰治亲王（1650年—1702年），当时为荷兰军队统帅，随后成了荷兰和英国的国王。

"您的军队已足以让敌人感到心惊胆战，再加上陛下对盟友们的重金馈赠，无论是英国、瑞典还是神圣罗马帝国，都不会来支援荷兰。不管荷兰人怎么挣扎，都无法逃出陛下设下的包围圈。"

国王满意地离开了会场。第二天，国王并没有对荷兰正式宣战，只是派人到处张贴告示，宣告战争即将打响："我对**荷兰三级会议**的不满是发动这场战争的理由。"

荷兰三级会议：指当时荷兰的议会制度。

5月22日，全欧洲最强大的军队启程奔赴莱茵河。黝黑清瘦的国王这时快满三十四岁了，他乐于亲自指挥行军。他亲笔书写每一份军令，整天骑在马背上。他还仔细研究战场地图，和卢瓦一起为庞大军队的粮草供应发愁。即使在战场上，国王也极力维持王者的威仪，每天早上都花很长时间来穿衣打扮。他十分在意自己的装束，有时会在镜子前花半个小时给自己的胡须打蜡。这段时期，国王和军官们的关系十分融洽。为了将国王的光辉形象传播到法国以及世界各地的画师、雕塑家、诗人和文人们面前，路易展现了一个不畏艰险、百战百胜的君主形象。

6月11日上午，大军驻扎在莱茵河右岸。一位士兵来报，他发现了一处荷兰人防守薄弱且河水较浅的地方，可以让大军在此渡河。

"将士们！明天我们开始渡河！用了九天时间，我们攻下了六座荷兰东部的堡垒。我不想让子民的期望落空。"

让·拉辛，曾经的著名剧作家，如今是国王的**史官**，从路易早起之后便一直陪伴左右。他这样赞叹道：

"陛下，若说世间有值得一看的绝美场面，当属眼前这人数众多的步兵和骑兵整齐划一的行军，他们像花坛的小格子一样分为人数相同的方队，且间距相等。"

另一位奉承者补充说：

"我们只需要祈祷上帝让您永生。至于其他的事情，您的意志便是您行使权力的唯一规则。"

国王和他的奉承者们以及军官们都沉醉在征服土地的兴奋和喜悦中，都认为"这是一场简单的战争"。

6月12日一大早，士兵们开始搭建**船桥**。与此同时，许多骑兵已经冒着荷兰步兵的火力踏入了莱茵河中。法国的火炮成功地阻断了荷兰人的火力，障碍已清，骑兵们纷纷冲向荷兰人。

让·拉辛：让·拉辛（1639年—1699年），法国伟大的悲剧作家。
史官：负责记录君王在位期间发生事件的人。
船桥：用船架出浮桥。

"要让你们这等无赖毫无容身之地！"

荷兰人并没有就此溃散，反而发起反扑。一位荷兰军官扑向孔德。孔德将军躲过枪击，保住了性命，但是在肉搏中左手腕骨折。相比起来，他的侄子M.德·隆格维尔就没有那么幸运，在搏杀中不幸战死。没有荷兰士兵能逃过法国军队的盛怒，整个荷兰军队被屠杀。

国王踩着修建好的船桥越过了莱茵河。他花了半小时保持姿势，方便勒布兰和范·德·莫伊伦等画家画下他的英姿。孔德认为应该乘胜攻打阿姆斯特丹，蒂雷纳、卢瓦和路易则更小心翼翼。倒霉的法国人！荷兰人面对令人生畏的法军，进行了英雄般的抵抗行动。他们掘堤开坝，在三天的时间里，让荷兰从平原变成了一片汪洋。阿姆斯特丹因此变成了一座难以攻陷的岛屿。法国军队只能驻扎在少数没有被海水和潮水淹没的地方。没有什么比国王的生命安全更重要，战役一结束，国王只好返回了王宫。

第二年的战役打响之前，为了彰显国王的威严，一切都被提前安排妥当。蒂雷纳镇守东面，孔德留在荷兰境内，路易在沃邦的陪伴下前往佛兰德斯，大军驻

扎在几座西班牙人留下的堡垒里。下一个要攻打的目标是荷兰的马斯特里赫特。路易决定把王室成员请来此地，一起欣赏一场新式的戏剧表演：国王如何迅速攻陷一座城市。王后、蒙特斯庞夫人（国王的新情妇）以及她们的随从安坐在一座山丘上，通过望远镜观察战场，亲眼验证那句谚语："沃邦围攻的城市，一定能被攻破。"

国王亲自担任了向女士们解说每项行动的职责：

"远方那支骑兵部队准备切断城市的粮草供给。在我们眼前的这些壕沟，是为了阻止敌人外逃。我们把壕沟修成'之'字形是为了能够躲过敌人的火力。"

"那么我们身后的战壕又有什么用呢？"

"敌人有可能会派援兵来解围。我们需要保护自己的营地不被背后袭击。"

"我方的炮弹似乎打不中目标？"

"攻击防御工事上的目标，应该计算反弹的角度而不是直接瞄准。通过弹跳，炮弹会具备更大的杀伤力。"

"这些工人又在做什么呢？他们不是士兵吗？"

堡篮：装满土的圆柱形篮子，由树枝捆绑而成。

"他们负责挖壕沟和准备**堡篮**、柴

捆以及大桶来防止壕沟被攻击，目的是让壕沟变得像家一样安全。还有那些负责挖坑道的人，为方便在城墙的地底下放置炸药。"

7月1日，火炮轰鸣声开始变大，最后的进攻打响了。就算站在远处，仍能感受到战场上的震耳欲聋。马斯特里赫特的一部分城墙倒塌了，数百名法军士兵立刻从壕沟中鱼贯而出冲向缺口。接着是一场混战，随后便是一片长久的寂静。人们可以清晰地听见一阵小号声。

国王向他的客人们解释了这一幕：

"这是鸣号投降，对方的守将刚才投降了。"

一位勤务兵给他送来了一封信。

"女士们，有消息说，达达尼昂的喉咙中了一弹，他牺牲了。愿上帝能如同爱护我那样爱护他。"

国王继续说："沃邦采用了我认为最好的战略。我的努力总算得到了回报。女士们，我饿了，开饭吧。"

这场战争又持续了五年。顽强的荷兰人让利奥纳的外交努力付诸东流，几乎所有欧洲国家都结成联盟对抗法国，法国不得不和整个欧洲作战。

1678年，巴黎市政府授予国王"路易大帝"的称号，因为《奈梅亨条约》将敦刻尔克、弗朗什孔泰和半个西属佛兰德并入了法国版图。在国王路易和卢瓦的任命下，沃邦将负责建立专管区域，巩固王国的新边境。沃邦的功绩催生了另一句法国谚语："沃邦镇守的城市，一定无法攻破。"

路易一心以为可以一举摧毁的荷兰，最终完好无损；而荷兰统帅奥兰治的威廉，日后将成为路易最强劲的死敌。

战争

对太阳王路易十四来说，战争是展现实力、实现荣耀的手段。他有统治全宇宙的野心。所以，他必须建立一个能够不惜一切代价动员所有人力物力投入战争的国家。

国王在战场上
1693年以前，路易十四一直会亲赴战场。在战场上，他把自己塑造成整个战争的核心角色。

**胜利女神
为路易十四加冕**

获胜的路易十四
战争的胜利一方面证明了君主的战争才华，同时也是天佑国王的佐证。

人民的牺牲
连年的战争，要求不断地投入人力、枪炮等资源和金钱，这让法王的子民感到生存艰难。

图尔奈防御工事地图

沃邦的防御工事
通过在海陆边境修建几十处坚固的防御工事，沃邦为法国的边境筑起了铜墙铁壁。国王也可以就此宣称自己是人民的保护者。

战壕里的路易十四（1667年6月21日围攻图尔奈）

围攻作战
因为破坏力强大，火炮成扩张领土时使用的主要武器。最主要的用途是围攻城市，逼迫敌军投降。

"为了彰显国王的威严，一切都被提前安排妥当。"

地雷爆炸

发战争财
战争用款的筹措，依靠依附于大贵族的金融家们。他们通过代征税款，以损害国家整体经济为代价，为自己积累了大量财富。

凡尔赛宫的一天

1683 年 10 月 11 日，凡尔赛宫。

王廷搬到凡尔赛宫已经两年了。四十五岁的路易身材臃肿，拥有无尽的财富，享受着最奢侈的王者生活。他每天的安排像乐谱一样井井有条、固定不变：总是和同样的人在同样的时间做同样令他欢喜的事。然而王宫尚未完工，这时候的凡尔赛宫有些地方看起来还是一座巨大的工地，但车马、仆人、工人、教士和朝臣仍然每日络绎不绝。

上午六点左右，守卫在日出的光辉下，打开了王宫的第一道门。在晨光中，宫殿的屋顶呈现出蓝色光晕，而大理石柱泛着粉色的光。一小群安静的仆人匆匆赶往自己的服侍岗位，另一群忙着摆摊售卖蜡烛和花束的小摊贩也开始拥入荣誉庭院。一个摊贩叫住了一位刚穿过宫门的来访者：

"嘿，那个谁！您穿成这样是要去哪儿？年轻人，您得佩剑戴帽子，不然守卫会把您轰出来的。我这儿有

您需要的东西，租一天只要两**苏**。"

苏： 当时法国使用的
一种货币单位。

来访者付了钱并整了整身侧的佩剑。

他穿过第二道宫门，来到一个铺着黑色
和白色大理石的庭院外。一位守卫拦下了他：

"禁止通行。您可能会打扰国王的睡眠！"

他只能折返，往王宫入口走去。路上的人越来越多。
许多朝臣也进来了。他们头戴假发，踩着带扣的红色高
跟鞋，身穿花边背心，有些人的背心还有宝石装饰。朝
臣们佩剑在侧，将帽子脱下夹在手臂之下。

窃窃私语的人群进入王宫，穿过一个个房间，来到

了国王的寝殿外。朝臣们等待着八点三十分开始的"小起床仪式"。"小起床仪式"结束后再过一会儿，将是"大起床仪式"，到时他们中的一些人将能够入室觐（jìn）见国王。经过漫长的等待，一位衣着华丽的男士从候见厅里走出，向掌门官耳语几句后又转身离去。那是拉罗什富科公爵，他一直陪伴在国王左右，负责管理国王的着装和组织国王的狩猎活动。掌门官走近人群，从焦虑的人群中喊出了三位臣子。他们在众人羡慕的目光中进入了候见厅。候见厅的门还没关上，人们就开始指手画脚：

"帮国王穿上无袖长袍的殊荣应该属于甲先生吧。"

"你看乙先生，脸臭成什么样了！他怎么就失去了国王的眷顾呀？"

"最近在王宫里很少见到他。"

"他不想为国王服务吗？"

"还是说他不想被人看见？"

"多么狂妄自大呀！他自以为没有想求国王办的事吗……"

在王宫，所有一切都是仪式，仪式的每一个细枝末节都会被当作国王的恩典。

每天上午，按照王宫固定不变的节奏运行；国王的私人会谈结束之后，是十点至十一点的弥撒。

做弥撒的礼拜堂太小了，容纳不下所有人。这时候，等候多时的拜访者们可以随意参观凡尔赛宫里几乎所有的房间。但是大家最喜欢的还是待在镜厅。路易打算将镜厅打造成一处奇观，结果如他所愿。人们可以在镜厅欣赏彩色的大理石墙壁、金黄色的地板、镀金的青铜器皿、镜子、有几十支蜡烛的大吊灯和描绘国王作战胜利场景的穹顶画。

接近十一点时，路易走出礼拜堂，他的身后立刻集结了一群人。其中出现了许多女性，她们身穿紧身华服，而且都化了浓妆：脸部和露出的肩膀涂成了白色，用蓝色勾勒出血管，眼影采用了黑色，脸颊和嘴唇上涂抹了红色，最后还用塔夫绸做成的**假痣**衬托雪白的肤色。大家都想看看国王的戴孝期是否结束。国王的母亲，也就是王太后奥地利的安妮于去年7月30日去世，从那时起国王就一直为她服丧。当时，路易的一句话还引起了轰动："母后的去世，是她此生第一次让我感到难过。"今日是国王和曼特农夫人举行秘密婚礼的日子，所有人都想知道这场婚礼是否真的举行了。

假痣： 那时流行用织物仿造"美人痣"，用来贴在脸上。

人群跟随国王到了他的大殿外，高层会议在那里举行，但是只有路易走了进去。

两小时之后，就在下午一点前，仆人们端着装满美味佳肴的盘子，在一队守卫和军官的带领下，匆忙赶往国王殿里。在他们的身后是一小队跑得气喘吁吁的乐师，手里还拿着他们的小提琴。国王用正餐的时候到了。

正餐结束后，国王终于又出现在人们面前。这一次，大家终于可以看清他毫无表情的脸庞。路易从不正眼看任何人，但是他有很强的洞察力，清楚每个人的内心活动。

一旦他见过或者听说过某个人，他就会一直记得：高效的间谍网将各种大小事务都汇报给路易，所以很少有人的名字或隐私是路易不知道的。

在王宫，所有人的目光都汇聚在他身上，整个王宫的一切都在他的掌控中。

经过守卫队长的许可之后，两名大臣得以靠近国王，和国王当面谈话。人群中有人悄声议论：

"国王从来没有和任何一位绅士发过怒，但是看看这两位，胆子最大的和国王说话时都在颤抖。"

盯着第一位朝臣的眼睛，路易大声地宣告：

"我不认识他！"

羞愧的大臣立刻转身，穿过人群落荒而逃。之后路易稍稍地将头转向第二位朝臣。这位求职者跟随仆人进入了议事厅的内室。当他从殿内出来时，所有人都跑来将他围住。

"陛下对我说：'我会考虑的。'先生们，我想，我刚刚受封为'**紧身齐膝外衣爵士**'了。从今往后，各位如果想要和国王或者他的部长们谈话，可以先来找我。"

下午三点到六点，是国王外出狩猎

紧身齐膝外衣爵士：这是一种很大的殊荣，它让受封者获得陪伴国王出访和狩猎的资格，而不必像平时一样需要先提出申请。

的时间，这是他最大的爱好。想要目睹国王出行的人们，需要应对王宫里还在施工的种种危险：跨过厚木板，绕过沙袋，避免被挖土工人撞到，最后才能到达大露台。在大露台上，景色美不胜收。秋天将叶子染成金褐色，树木看起来就像是一堵堵墙。镀金的雕塑像是被施了魔法一样，出现在巨大的水池里。数十艘大大小小的船只，在如塞纳河般宽阔的人工开凿的河道上摇晃。

到了晚餐时间，人们摩肩接踵，前往国王寝殿的候见厅。在厅里，女士们围着一张桌子，端坐在折凳上等候。晚上快要十点的时候，国王终于现身，在他的位子上就座。仆人们开始忙碌起来。菜肴被分为四批呈到了餐桌上：汤和前菜，烤肉和沙拉，甜点，最后是水果。每一批，仆人们都会呈上超过十道用银盘子装着的菜肴，在金色餐具前摆成三行。国王一言不发，整个大厅也鸦雀无声。路易会时不时做个手势，这时一位绅士就会大喊：

"为国王举杯！"

路易吃下了四盘不同种类的蔬菜、一整只野鸡、一只山鹑、一大盘水果沙拉、一碟白切羊肉蘸蒜汁羊汤、两大块火腿，还吃光了一整盘的糕点、水果和果酱。随后他终于起身，大家也纷纷离开了房间。

现在还没到国王回房间的时候。他优雅地和在场的女士们道别，然后前往曼特农夫人的居室，在那里待了好一会儿；之后他返回寝殿，做完祈祷之后在朝臣面前宽衣解带。每一天晚上，朝臣们都会争着为国王举蜡烛盘。国王上床睡觉的"小就寝仪式"举行时，还有三十几位恭顺的近臣在场。

1677 年的凡尔赛宫

法王选择让凡尔赛宫成为君主专制的象征，凡尔赛宫从此成了政府所在地、国王的居所、象征国王荣耀的一座丰碑。1682 年路易十四入住后，这里成了法王在整个朝廷面前演绎日常生活的舞台。

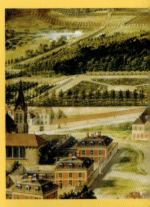

大理石庭院

国王居所

> "路易从不正眼看任何人，但是他有很强的洞察力，清楚每个人的内心活动。一旦他见过或者听说过某个人，他就会一直记得……"

王宫生活

王宫的贵族和大臣们都住在凡尔赛——凡尔赛城里或者是在凡尔赛宫。他们在王宫里需要时时刻刻遵守严格的礼仪和规矩。国王的眼线会监控朝臣们的行为举止和思想，国王会根据这些线报，对相应的人给出具体的评价。

散步中的朝臣们

朝臣

常侍国王左右，是王室生活（甚至是国王私生活）的见证者。能做朝臣，那是国王的恩宠和赏赐。

宫殿

自 1661 年至 1712 年，凡尔赛宫像是一个永远无法完工的工地。但是最终，宫殿的规划设计都得到了实现。国王的居所位于中心。从那里，国王可以看到一切，而且也能被所有人看见。

1668 年的凡尔赛宫

官方接见

凡尔赛宫的奢侈闻所未闻，更集中了众多艺术品，在这里接见外国使节，能够让国王的荣耀远播国境之外。

花园

在凡尔赛，勒诺特雷设计的花园，为参观者们上演了一场整齐有序的自然大戏。

路易十四接见波斯大使

装饰着太阳王标志的宫门

国王的标志

艺术家找到了许多象征国王荣耀的标志：来自传统的百合花，来自神话传说的太阳神阿波罗，来自天文学的行星……

国王陛下，虔诚的基督徒

1685年11月，雨天，快到中午时，一个看起来精疲力竭的年轻男子推开了阿姆斯特丹一家书店的门。书店老板用警惕的眼光打量着他。

"有什么可以帮您的？"

"我约了人。"

老板带他来到书店里间。一个男人坐在一摞书前。

"巴斯德牧师？"

"您是哪位？"

"我来自**普瓦提埃**，想要寻求庇护。"

"请坐，在这里，您不用害怕。跟我讲讲您的经历吧，您看起来真年轻！"

普瓦提埃： 处在新教地区中心的城市。

"三年来，马里亚克总督逼迫我爸妈让龙骑兵住在家里，承担他们的开销，这样龙骑兵可以时刻逼迫他们放弃自己的信仰。您可以想象我父母所承受的羞辱和粗暴对待。我还亲眼见过这些龙骑兵强迫别人皈依天主教。我们家被税收压垮了，可是那些皈依天主教的人不需要缴税。至于我，我被医学院退学了，反正我们新教徒也被禁止从事医生这个行业。我的父母乞求我，让我离开他们去逃亡。多亏了一个好心人的帮助，我才得以脱离我残忍的祖国，逃过大兵们的刁难。我想找一个可以避难的地方，让我能拥有信仰的自由，我希望能用上帝教导我的方式侍奉上帝。"

"我年轻的朋友，您逃得很及时。但是今后您将因为叛逃祖国而面临苦役的刑罚。国王刚于 1685 年 10 月 17 日签署了一份**敕**（chì）**令**，下令摧毁修道院，关闭新教学校，强制所有儿童接受洗礼，驱逐所有拒绝皈依天主教的**牧师**，禁止新教徒离开法国，否则将被判处苦役刑。我认为，除非发生奇迹，否则您应该是再也见不到父母和祖国了……国王觉得他有在整个欧洲范围内铲除新教的能力，就像他自以为已经铲除了法国的新教一样。"

敕令： 敕令指的是国王发布的法令。文中提到的敕令即《枫丹白露敕令》，敕令剥夺了新教徒的宗教自由。

牧师： 这里指新教中的教职人员。

听到这些话，年轻人感到很绝望。牧师安慰他：

"新教的国家会为您提供庇护的。您可以定居在……"

"我想定居在伦敦……"

"英格兰现在也不太平。有人说，二月刚继承王位的詹姆斯二世有意在国内重新鼓吹天主教。为什么不干脆留在荷兰呢？或者去神圣罗马帝国？在这些地方，您将遇到很好的伙伴，我们已经团结了二十几万人了。而且我们有文字作为武器呀！看这些书，我们准备把它们偷运到法国去。"

牧师越说越兴奋：

"路易一直号称自己是一位虔（qián）诚的基督徒。两年前，他不是还帮助了被穆斯林围攻的维也纳吗？现如今，这个路易成了迫害教会的**反基督者**。见到他像食人魔一样的所作所为，怎能叫人不愤慨？他正快速将我们带向世界末日和最终审判！"

> 反基督者：根据《圣经·新约》，反基督者是世界末日到来时出现的基督的对手。

同一时间，在凡尔赛宫的礼拜堂里，所有一切都被白色、金色和银色装点。礼拜堂里还回荡着人声合着小提琴、双簧管、长笛合奏的音乐。指挥这场合奏的是礼拜堂主管米歇尔·里夏尔·德拉朗德。几百支蜡烛照耀着整个礼拜堂，女士们聚集在看台上，她们的目光集中在国王身上。路易独自一人跪在祭台前，转动手中的念珠，背诵着祷告词。在场的人们能够看出

国王对宗教的虔诚。从小，国王的母亲和他的告解神甫们就培养了他祷告的习惯。再冗长的讲道，路易都能全神贯注地听完。他要求王宫所有人员到礼拜堂的时候要穿着得体，至少要表现出很虔诚的样子。随着时间的推移，国王对于天主教的信仰好像变得越来越虔诚。这主要是受了**拉雪兹神甫**和国王的秘密妻子曼特农夫人的影响。

拉雪兹神甫： 耶稣会神甫，巴黎市内有一座墓园以他的名字命名，即拉雪兹神甫公墓。

弥撒完成了，朝臣们纷纷离开教堂中殿，追着去侍奉国王的吵闹声打破了

肃静的氛围。

　　这一次他们扑了个空。重新戴好手套和帽子的国王没有在丰收厅和奇观室停留，他直接返回居所，出席信仰委员会会议。每周五，国王都会和雅克·贝尼涅·波舒哀以及告解神甫商讨关于王国的宗教事务。虽说波舒哀已经五十八岁了，但仍旧是当时最好的雄辩家。他对王室怀有最热忱的信仰和无条件的忠诚。国王也给予了他相应的回报：波舒哀被国王任命为太子的家庭教师、孔东教区主教，四年前又被任命为莫城教区的主教。莫

城教区也是王国最富庶的教区之一。

路易问教士们：

"是时候让那些和天主教会离心离德的人们重新皈依天主教了，不是吗？卢瓦曾劝我，可以对我的这部分臣民施加轻微但有效的暴力。上帝会对我的做法感到满意吗？"

"这将是陛下治下的一大壮举。有陛下在，异教将不复存在。另外，大部分信奉**改良宗教**的百姓以及最优秀的新教徒已经皈依天主教。"

"被我派往各省的总督们也是这么告诉我的。两年来，我一直都有收到皈依通告。可是也有人告诉我，这些皈依者并不诚心。"

改良宗教：对于天主教徒来说，新教徒们信仰的是一种被改良过的宗教。

"上帝会用尽一切方式，帮助异教徒们重归正途的！"

"您说得对，就算父亲是异教徒，他们的子女也会是天主教徒……"

"你们看，教皇竟敢用这种口气威胁我，还想阻止我任命主教。波舒哀，您统领着神职人员大会，您说，大会是不是也打算和我作对呀？"

"不会的，陛下。我们和陛下的联系如此紧密，没有什么能让我们背叛陛下。我们不能因为教皇的这些话就停下脚步，应该为王国的利益考虑。上帝授予教皇的权力仅限于精神层面，只和拯救灵魂有关。而国王和君主是为了掌管和统治一切而生的，不仅限于精神层面。"

路易不明白，为什么宗教知识和宗教争端对灵魂永福来说如此重要。在他看来，只有法国天主教会才有权力规定，他的子民怎么做才能**得到灵魂永福**。王国内仍然有大量的教堂需要美化，大量的病人和乞丐需要帮助，大量的无信仰者和巫师需要驱逐……国王担心，有人以侍奉上帝为借口，挑战他的权威，煽动叛乱，甚至是策划阴谋活动。

路易派人追捕异教的信徒，并且在统治期间一直打压**詹森派**的虔信者。国王还将一群不愿意服从他意志的修女囚禁在波尔罗亚尔修道院。表现得像天使一般纯洁的修女们，在国王眼里却像恶魔一样傲慢。

1679 年爆发的投毒事件，让法国国王见识到了地下网络、毒药窝点、死亡还有涉及王室成员的阴谋，具有强大破

得到灵魂永福： 天主教认为按照上帝认可的方式为人处世，能够确保在死后上天堂。

詹森派： 天主教内部出现的一支教派，路易十四认为该派系成员有分裂国家的危险。

坏力。1682 年，他下令将占星师、占卜者、魔法师和巫师通通定罪。不只是因为这些幻术师腐蚀了下一代，更是因为国王担心在他们的神秘力量下，藏匿着欺骗百姓的人。

路易十四自认为他是上帝在人间的唯一信使，没有什么可以阻挡他完成上帝的旨意。

路易十四的祖父亨利四世 1598 年颁布的《南特敕令》

这让新教徒们获得了在天主教王国平静生活的权利。但是，绝对王权无法容忍国民信仰不同的宗教。1685 年颁布的《枫丹白露敕令》，宣布新教为非法组织，《南特敕令》也因此而废除。

火刑架上的异教徒 从 16 世纪开始，新教和天主教之间纷争不断。冲突主要体现在他们侍奉同一个上帝时采用的不同方式。两个阵营都排挤、惩罚不同信仰者，有时甚至选择活活烧死他们。

火刑架上的异教徒

"随着时间的推移，国王对于天主教的信仰好像变得越来越虔诚。"

龙骑兵逼迫一名异教徒签署皈依天主教的文件

龙骑兵对新教徒的迫害 1685 年，路易十四可以确定王国里已经没有改良宗教的信徒。但是，在过去的二十年里，一些被称作龙骑兵的士兵，强迫许多新教徒皈依了天主教。

天主教的反击

面对新教，天主教会采取了许多应对措施：加强教皇的权威，增加宗教建筑，加大宗教教育力度，通过仪式游行和对圣人的崇拜来展现宗教信仰。

天主教圣体瞻礼仪式游行

波尔罗亚尔修道院的詹森教派修女

路易十四一直致力于消除詹森派的影响力。詹森派本质上也是天主教，但是他们反对国王的绝对权力以及教会中支持国王的人。

审讯波尔罗亚尔修道院里的修女

波舒哀

雅克·贝尼涅·波舒哀（1627年出生于第戎，1704年在巴黎去世）
波舒哀，优秀的神学家、讲道者，从1681年起担任莫城教区的主教。他主张国王拥有绝对王权，这符合上帝的意愿。他支持法国教会自主论，即声称国王有权力独自管理法国教会，并能够和教皇对抗。

危机中的法国

1693 年 6 月 28 日，一辆马车匆匆驶离了佛兰德，远离战争前线。车上坐着高贵的法国国王，他要赶回凡尔赛宫。这个初夏，天气出奇的寒冷，就像是太阳失去了生命力，变得奄奄一息。路易这时五十四岁，虽说还算不上年老体弱，却也不再有年轻时的活力。他的身体还算硬朗，足以忍受**痛风**带来的痛苦。马车的每一次颠簸都让他感到疼痛，但是像往常一样，国王只有一个念头：保持他的威严。

他回想起几天前，他的军官们在得知国王离开王宫才一个月就要返回时脸上的惊愕。他这样回应跪求他留下的**卢森堡公爵**：

> "为了国家的利益，我不能再亲自统领我的军队了。"

这是路易参与的第四十三场战役。从此以后，他将远离战场，远离被突破的兵团、被击败的骑兵队、被打散的军队、

痛风： 一种让关节疼痛的疾病。

卢森堡公爵： 弗朗索瓦·亨利·德·蒙莫朗西-布特维尔（1628 年—1695 年），路易十四时代著名统帅。在他指挥的重大战役中，法国没有打过败仗。

被运走的头颅和断肢，远离可怕的号声、鼓声和炮火声，远离打斗、激励、呐喊和呻吟交织在一起的声音。建在巴黎、用于收容伤残老兵的荣军院现在看来已经不够大了。两年前卢瓦的逝世，更是让路易不得不亲自拟定一套**"办公室战略"**。

王国处在战争状态，这又是一场路易本人挑起的战争。虽说早前签署了和平协议，可是他仍不停地吞并领土，占领了洛林地区和莱茵河左岸的大片土地。

办公室战略： 指在办公室里指挥战争、制定战略。

　　国王回想起了 1681 年 10 月在斯特拉斯堡取得的胜利：突然出击的包围城市的行动、城市里惊慌失措的要找卢瓦谈判却被要求投降的资产阶级，还有之后大军胜利入城的场景。那一日，国王坐在一辆配有八匹马的金色马车里，城市里的钟声震耳欲聋，三百门火炮一齐发射。最后，教堂里的弥撒宣布这座城市已皈依天主教。斯特拉斯堡从此成了法国国王王冠下的又一座城市。然而路易持续不断的征服行为，使法国四处树敌。欧洲各大强国都对法国感到不安，它们结

成了**奥格斯堡同盟**，以对抗法国。

奥格斯堡同盟：反对路易十四的欧洲国家组成的同盟。

国王一行人抵达了凡尔赛宫周边，这时正值初夏，这里显得异常安静。通向凡尔赛宫的宏伟大道两边，有许多脚手架和烂尾楼，像是被工人遗弃了似的。曾经热闹嘈杂的马厩，也变得非常安静。壮观的队伍穿过宫门，在朝臣们的注视下停在了荣誉庭院。

一个仆从推着轮椅走近马车。国王坐上轮椅，穿过宫殿，回到了自己的寝殿。凡尔赛宫大部分房间里的家具都被搬走了。三年前，有一群工人把宫殿里的金银器皿和餐具运往铸币厂。数十种家具上镶嵌的金属饰物，如桌子、箱子、扶手椅、搁脚凳、壁炉上的饰品，以及烛台、银瓶、碟子、盘子、杯子等都被熔化，然后铸造成了硬币。

得知国王归来的消息，饥饿的妇女、男人、儿童纷纷拥向了凡尔赛宫。一开始只有数十人，慢慢地增加到了几百人。士兵们在宫门外艰难地阻止饥民前进。饥民里有避难的农民、被人满为患的医院拒收的病人、在修道院门口靠乞讨为生的乞丐以及找不到工作的工人。

人群中，叫喊声此起彼伏：

"我们要面包！我们要面包！"

"我们再也找不到工作！"

"您把我们家里的男人拖去当兵，我们还怎么喂饱我们的孩子呀？"

"我们甚至连埋葬死人的钱都没有了！"

虽说国王和他的臣子不会见到这样悲惨的场面，但是他们都看过国家的经济报告，了解这些年来粮食连年歉收，谷物价格持续飞涨。他们也知道穷人们不得不靠吃泥土、树皮、破衣服来维生。他们还知道有人尝试将树根和榛（zhēn）子的壳碾碎，混合菜心做成面包。人吃了这种面包之后会虚弱到难以站立，这样虚弱的身体也为疾病的肆虐提供了温床。国王和他的臣子们更知道，政府不得不花大力气镇压大规模的农民起义。

像平时一样，路易面无表情，沉默无语。他的密探给他送来了一封**费奈隆**的信件。费奈隆在信里的措辞已尽量委婉：

费奈隆：康布雷大主教，被路易十四任命为王孙的家庭教师。

"陛下本应像爱护自己的孩子一样爱护的子民，直到现在仍忠诚于陛下的子民，正在饥饿中死去……整个法国现在就像一座荒凉又缺少补给的大医院。"

读完手中的信，路易难以掩饰内心的忧愁，他对荣耀的渴望是不是正在摧毁王国的繁荣？

打破垄断

打破西班牙和葡萄牙两国对亚洲和美洲（尤其是美洲）贸易的垄断是欧洲新兴强国的共同目标。这项贸易产生的财富和造成的贫穷人口，形成了鲜明的对比。

波尔多港

公司

商人和富有贵族控制的股份制公司拥有贸易垄断权，并受到海军的保护。

印度公司的盘子

贸易港口

大西洋沿岸的港口都因为"三角贸易"而获利：船只开往非洲，用商品购买奴隶，再运往美洲出售，最终满载来自新大陆的烟草、糖和稀有金属返回欧洲。

新大陆上的奴隶制

1685 年的《黑奴法案》，使法国殖民地的黑奴政策合法化，矿业和农业的产值得到猛增。

> "陛下本应像爱护自己的孩子一样爱护的子民，直到现在仍忠诚于陛下的子民，正在饥饿中死去……"

向穷人分发食物

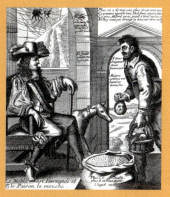

交给领主的佃租（版画）

贫困

大部分农民只能勉强生存。如果发生气候灾害（寒潮、旱涝灾害），就容易出现饥荒，导致很多人死亡，比如在 1694 年和 1709 年法国都出现了大范围的饥荒。

税收

农民被要求缴纳各种各样的税款，这是导致他们贫穷的主要原因之一。

西班牙王位继承战争

1700 年 11 月 16 日，西班牙大使卡斯特尔·多斯里奥斯侯爵乘坐马车抵达了凡尔赛宫。马车刚停下，一个仆从迅速跳下马车，打开车门并展开落脚凳。下车后，侯爵徒步前往大使厅，耐心等候法国国王接见。

一周前，国王取消了下午的狩猎活动，召集了大臣们在蒙特斯庞夫人的内宅开会。那时他刚刚得知西班牙国王卡洛斯二世驾崩的消息。这位西班牙国王没有子女，却留下了丰厚的遗产：西班牙、大半个意大利、荷兰的天主教区、美洲和在亚洲的菲律宾等。这些地方都刺激着欧洲各强国的胃口，当然也包括路易！

经过两年的谈判，法国、英国、荷兰和神圣罗马帝国的外交官们原本对如何分配西班牙国王的遗产已达成约定，然而在 11 月 1 日，卡洛斯二世去世的那天，他的遗言被公之于众：卡洛斯二世将整个西班牙王国和他的殖民帝国传给他的侄孙——安茹公爵，也就是路易十四的孙子。

议会的第一贵族——德博维里耶公爵主张尊重谈判结果，即由欧洲各国共享这份遗产：

"我们国家已经和西班牙打了三百年仗，现在却要我们和它结盟！不！应该按照之前的遗产分配合约做。而且，如果我们接受卡洛斯二世的遗嘱，不仅会让荷兰人感到烦恼，还会激怒英国人。那将会引发我国和神圣罗马帝国的战争，这场战争会让我们无法吞并洛林地区，说不定还会造成法国的覆灭。"

大法官蓬查特兰反对这一说法：

"先生们，请你们想想，西班牙因为其在美洲的殖民帝国而强大。**从巴约讷（nè）到敦刻尔克**，整个大西洋沿岸的法国人心中只有一个愿望：用布列塔尼的棉布和黑奴填满美洲。法兰西王国的威望和利益也会因此大增。难道各位希望这样的好事落到荷兰人或者英国人的手上吗？我们完全有能力对付我们的敌人。"

从巴约讷到敦刻尔克：
法国两座大西洋沿岸的海港城市，巴约讷位于法国西南部，敦刻尔克位于法国北部。

王太子殿下此时正好猎狼归来，说道：

"我要确保我的儿子得到一个国家。"

这场游戏的风险巨大。上一场战争持续了十年，路易征服的所有城市几乎都重返敌人之手，只剩下了斯特拉斯堡和阿尔萨斯。法兰西王国看起来已经精疲力竭。国王的习惯仍旧没有改变，他沉默不语，不向别人吐露他的决定。六十二岁的他，虽然病痛缠身，但是旁人一点都看不出他所忍受的痛苦。

西班牙大使卡斯特尔和秘书终于在国王厅得到了法国国王的接见。两人向国王行了一个深深的屈膝礼，国王触碰了他们的帽子作为回应。国王命人传召他的孙子安茹公爵。此刻安茹公爵正在隔壁的房间静静等候，陪伴他的是两个兄弟——勃艮第公爵和贝里公爵。片刻之后，一个十七岁的柔弱男孩走进了国王厅，他看起来害羞而且有些惊愕，因为没有人告诉他发生了什么。

路易对大使说：

"您可以像拜见您的国王那样拜见他。"

大使赶忙来到安茹公爵跟前，长篇大论地赞美起来。国王打断了大使：

"他现在还听不懂西班牙语，我会替他回答您的问题。"

接着大门打开，门外的众多朝臣摩肩接踵，一片喧哗，很快现场又鸦雀无声。

国王大声地宣告：

"先生们，这位就是西班牙国王。西班牙王位因为他的血统而召唤他，整个国家都对他寄予厚望，并立刻来询问我的意见。我心甚喜，当即应允。这是上帝的旨意。"

国王随后面向他的孙儿说：

"你眼下的第一要务是做个称职的西班牙人。不过你得牢记你出生在法国，你的使命是维系两个国家的联盟关系。只有这样，才能让两国人民过得幸福，才能维护欧洲的和平。"

三周后，腓力五世启程前往西班牙。他的旅途应该

比利牛斯山脉：法国和西班牙的边界山脉。

十分顺利，因为用西班牙大使的话说：

"比利牛斯山脉已经消失……"

正如预料的那样，路易的决定引发了战争。1702年5月15日，神圣罗马帝国、英国、荷兰向法国和西班牙宣战。西班牙王位继承战争正式打响。如果战胜敌人，路易可以向北和向东，分别在洛林地区和阿尔卑斯山地区扩张他的领土，而且还有可能让法国掌控海洋——地中海、北海，以及最重要的大西洋。

为了应对在位期间的这第三场战争，国王需要重新寻找盟友，也不得不将国家的命运交到卡蒂纳、维勒鲁瓦这样资质平庸的将军手中。他下令召集成千上万的士

兵，动员尽可能多的船只，还有筹钱，筹很多很多的钱……可是胜利迟迟没有到来，现实情况越来越不容乐观。

1709年6月，战争已经持续了七年，路易相继失去了他所有的盟友：葡萄牙、萨瓦和巴伐利亚。随着军队在战场上节节败退，整个王国陷入了即将被占领的悲观情绪里。**大严寒**期间，在凡尔赛宫里连酒都被冻住了。发配给各地的小麦都数量不足，这导致大约六十万法国人失去了生命。百姓因为寒冷和饥饿正在大量死去。在巴黎，国王派人公开向巴黎的守护神圣热纳维耶芙祝祷，希望能够平息上帝的

大严寒： 1709年的欧洲冬天异常寒冷。

怒火。可是人民还是有不满的情绪。叛乱频繁发生，人们已经习以为常。不顾警察和国王眼线的严密监控，民间开始流传一首奇怪的打油诗：

住在凡尔赛宫的老爹，

您的名字不再光荣，

您的王国疆域不再辽阔，

您的意志无论在地上还是在海上都不再有效。

请给我们面包，那才是我们最需要的。

请原谅我们的敌人，

但是不要饶恕无能的将军们。

不要屈服于曼特农夫人的诱惑，

把沙米亚尔交给我们处置。

国家的财政状况太糟糕了，兼任财政大臣和战争部长的沙米亚尔在请求国王允许他辞职时说道："在条件允许的情况下，我不缺少面对问题的勇气和魄力，可是眼下所有资源都已经耗尽。我无法面对一堆不可能完成的任务。"

第二年，国王已经七十二岁了，算得上是一个老头子，人们开始怀疑他和他的继承者的能力。巴黎的流行歌谣毫不留情：

"祖父就会吹牛皮，儿子是个低能儿，孙子是个胆小鬼，嘿嘿，多好的一家人！"

路易也觉得身边围绕着一群庸人：无能的将军、和他讨价还价的贪婪金融家。他不禁羡慕起了敌国的军队将领，比如神圣罗马帝国的欧根亲王、马尔伯勒公爵，似乎没有什么能够将他们阻挡。他看到地中海上的英国军舰，像是大运河上的天鹅一样自在穿梭。就连他的谈判请求都碰上了难以接受的严苛要求。他唯一的慰藉是，勇敢的水手、私掠船以及王室海军军官从土伦、拉罗谢尔、圣马洛、敦刻尔克、迪耶普的港口出发，对英国船队造成了一次次重创。

6月12日的一次会议上，新任财政大臣德马雷毫不掩饰他的担忧：

"陛下，从我国的财政状况来看，我们既无法继续作战，也无法向敌人求和。您是怎么想的？"

旺多姆元帅，溜须拍马的好手，军事领域的庸才，提出了他的建议：

全国三级会议：是法国等级代表大会，参加者有教士、贵族和平民三个阶级的代表。

"臣请陛下立刻召开**全国三级会议**，然后亲自向大家控诉敌人的蛮横无理。

我确信这一定能唤醒大家的民族自豪感。到时大家慷慨解囊，就不愁筹不到钱打仗了。"

很明显，国王在努力控制自己的情绪。

"我不允许任何人忘记，国王才是人类行为的最终主宰！"

然而路易做出了一个惊人的决定，亲自和他的子民对话。各个教区的主教、地方长官和外省的总督接到命令，传播这样一封信：

"看到我的王国里如此多的百姓想要立刻恢复和平，我觉得需要亲自安慰我的子民，并告知各位为什么我无法如大家希望的那样让百姓从战争中得到喘息。为了重获和平，我已经接受了众多威胁到王国边境省份安全的条款，可是敌人们得寸进尺，强迫我让我的亲孙子放弃西班牙王位。我爱人民就像爱我自己的孩子，相比于逼迫自己的子孙，我更愿意和敌人一斗到底。"

于是，虽然战争重创着法兰西王国，但是谁也无法停止这一切。

路易十四的君主专制

他完成了建立君主专制制度的部分计划：他掌握了政治、外交军事和经济的权柄，让他得以向全欧洲乃至全世界推行他的政策。可是，在荷兰和英国出现了一种更有活力的新政治模式，能够挑战法国的霸主地位。

海洋强国

路易十四想让法国成为海洋强国，他将这个任务托付给了柯尔培尔。从此法国海军具备了对抗英国和荷兰海军的实力。

海战

着盛装的路易十四

专制君主

右侧的图片，是法国国王希望传递给人们的个人形象和绝对王权形象：扎根传统，搭配各种象征王权的标志（佩剑、王冠、正义之手杖）；银底黑斑纹的王袍象征着星夜和白天，使国王看起来就像太阳一样；行使王权时国王气定神闲，从站立的姿势也能看出这份轻松——露出了舞者般的双腿。

荷兰呢绒公司

联省共和国

从西班牙独立出来之后，围绕着荷兰的几个省于1579年成为一个被富商统治的连省同盟。1672年，奥兰治的威廉掌握了政权。虽然此时法荷战争进行得如火如荼，但是威廉仍旧让荷兰保持了经济的繁荣，同时政治自由度在当时也首屈一指。

> "先生们，这位就是西班牙国王。西班牙王位因为他的血统而召唤他……"

英国下议院

英国

1649年的革命让英国成为一个共和国，由克伦威尔统治。自1688年以后，复辟的君主的权利受到了议会的牵制。下议院议员由选举产生。

西班牙

路易十四成功地让他的孙子成了西班牙国王，但是因为漫长的西班牙王位继承战争（1701年—1714年），让他的子民付出了惨痛的代价。最终他让欧洲其他王室承认了腓力五世，但同时承诺法国和西班牙永远不会合并成一个国家。

西班牙国王腓力五世
（1700年—1746年在位）

哀悼时分

1712 年 4 月 16 日夜晚，已然成为王宫中心的曼特农夫人的寝殿内，国王和侯爵夫人分坐在壁炉两侧，忧郁的沉默笼罩着整间屋子，柴火的爆裂声和狗吠声也无法打破。侯爵夫人心中满是愁绪。王宫里，表面上什么都没有改变，宴会、游戏一如往常，可是在这些表象的背后，她能感受到，种种迹象表明人们都在遮掩自己的情绪，隐藏自己的想法。王宫，这里曾有世上最好的戏剧舞台，每场演出都是盛况空前，如今却变得凄凉。国王的晚宴上，只剩下五六个宾客。大家各自无语，一边暗自揣度（chuǎi duó）身边人的内心想法，一边静静地吞食自己的食物，气氛像极了在修道院。王国陷入了困境。

祸不单行啊！ 1711 年 4 月 14 日至 1712 年 3 月 8 日，不到一年的时间，国王失去了数位亲人。先是失去了他的儿子——王太子殿下。往常从不表露情感的路易那天当着众多大臣的面痛哭流涕。但是国家的利益强迫他必须振作起来。王储被安葬在圣丹尼教堂，为了避免过大的开销，没有举行特殊的纪念仪式。之后轮到了国王的孙儿——勃艮第公爵，刚被立为王储还不到一年就跟随他的父亲离开了人世。他是在妻子去世后不久离世的。虽然，先太子妃有些鲁莽，爱耍小性子，却是国王悲伤日子里唯一的慰藉。三周后，上帝又夺走了路易的第三位王储，他最年长的曾孙——布列塔尼公爵。在那之后，法兰西王室的所有希望落到了安茹公爵小路易弱小的肩膀上，那时的他只有四岁。有天，他突然发高烧，大夫们准备为他放血治疗，好在被他的家庭女教师阻止。女教师亲自照料小路易，最终保住了他的性命。这件事也让医生们羞愧难当。

　　战场上法军节节败退。眼下的困境中，路易唯一能信任的将领维拉尔元帅从战场上归来，觐见国王：

　　"陛下，有人告诉我，托尔西侯爵有希望和英国人签订和平协议，军官们听说了这件事，都不太乐意上战场作战了。"

　　"他们以为和平要到来了吗？国库已经空啦，维拉尔！我们只能向迪盖·特鲁安先生贷款度日。他在秋天从葡萄牙人手里夺取了里约热内卢，大赚了一笔。我不得不封这位勇敢的船长做海军上校，还给他配了一支舰队，共六千名海军和五百名水手，以防别人说我的国家存亡掌握在圣马洛的商人手里，或者说王室海军还得靠私掠舰来拯救。"

曼特农夫人听完这段对话，默默移开视线，继续自己的刺绣活儿。换做她的话，是绝对不会向敌人求和的。可惜她的意见并不能左右战争与和平。不过，她还是可以向国王自由阐述她的意见，因为她清楚，国王纵使听了，也不会放在心上。

国王继续说：

"维拉尔，自从里尔三年前被占领，我们的国家就面临被入侵的威胁。欧根亲王的大军包围了朗德勒西，我们得阻止他，否则他通往巴黎的道路将畅通无阻。保卫王国的任务就交给您了。如果您失败了，我会到索姆去和您会合。若我们还是无法挽救国家，就一起以身殉国。"

维拉尔元帅拿出了自己的军人气派，向国王保证：

"我一定尽己所能，逼迫欧根亲王收回自己曾经夸下的狂妄言语。陛下有何指令，请吩咐！"

"我的计划是这样的：让敌人相信我们要放弃朗德勒西。但是在深夜里，率领大军向西行进，渡过埃斯考河，拿下敌军储存粮草的营地德南。元帅先生，请别忘记，成功施行这一计划的前提是您得保守好秘密。"

"一切都照陛下您的指令办。"

元帅向一旁沉默不语的曼特农夫人行礼后，慢慢退了下去。

7月24日夜里，计划成功了。法国军队势如破竹的冲锋，让欧根亲王的士兵们四散而逃。法军成功占领德南，保住了法国领土。好消息传来，王宫立刻变成了欢乐的海洋。国王大喜过望，甚至向群臣一一道谢，这是他人生中从未有过的。

军人们完成了他们的使命，恢复和平的重任接下来就落到了外交官们的身上。《乌特勒支条约》和《拉什塔特和约》的签署，终于确保法国获得了和平。王国的疆域几乎没有发生改变，斯特拉斯堡依旧属于法兰西。西班牙国王也保住了他的王位，可是他得承诺不能将王位传给法国波旁家族的成员。这场战争的大赢家是英格兰王国。英国成功从西班牙手中夺走了主要的商路和美洲的殖民地。西班牙王国损失惨重。

哀伤、疲倦、丧失斗志的老国王，似乎在刻意地躲开凡尔赛宫，躲开奢华的排场，躲开人群。宫廷生活

的主要场所似乎也换了地方，有时是在尚蒂利的孔德亲王家，有时则是到了索镇的缅因女公爵安妮·贝内迪克特·德·波旁（路易十四的孙女）的家中。路易主动搬到了马尔利，并一点点地让那里的布置变得奢华。有时候路易也会到圣西尔庄园去。他越来越孤独，只有待在曼特农夫人身边时，或者和满脑子都是信仰的勒泰利尔神甫一起时，才能获得些许安慰。

曼特农夫人反复地诉说着她的厌倦：

"陛下，王宫让我厌烦。在那里，我看到了卑鄙无耻之徒，看到了背叛、无尽的野心，看到了仅为鸡毛蒜

皮的小事而互相迫害的人们。贵妇们也叫人难以忍受。她们的穿着荒谬又不庄重，她们追求香烟美酒，贪吃、肥胖又懒惰，这些都和我的品位以及我的理智相悖，我再也不想见到这些了。"

"可是夫人，您怎么能在这个时候厌弃我们旧日的生活呢？您只能在宗教里找到些许平静吗？"

"那我们就谈谈宗教吧！詹森教派的死灰复燃让人揪心，法兰西王国内四处都在传播它的教义，几乎境内所有的修道院都是如此。"

确实，在路易十四统治末期的混乱日子里，并不是只有国王将希望放在了上帝身上。路易以为摧毁了波尔罗亚尔修道院、驱赶詹森教派修道院的僧侣、毁坏他们的墓地、将他们的遗体挖出来扔在大坑里就能够彻底驱散詹森教派……至于新教徒，他们还在抵抗。十年以来，**卡米扎尔**盘踞在塞文山脉中，一直在抵抗国王的军队。直到维拉尔成为新任的

卡米扎尔： 由新教农民和山里人组成的军队。

万夫长前去镇压之后，新教徒的抵抗才算是到头。但卡米扎尔的残部还持续抵抗了多年，破坏了几十座村庄，造成了数百人死亡、受伤、被判苦役。

路易知道，身边有人想要在他死后大刀阔斧地改革，以削弱国王的权力，提升议会和老牌贵族家族的地位。人们再也不为议论国王的品行而感到不安。费奈隆于多年前就将国王描述成一个强硬、傲慢、奢侈、铁石心肠的人。现在，同意这种观点的人越来越多。

路易十四想要密切控制国民

通过在巴黎设置专门负责监督民情的警务专员（1667年）、改革司法体系（1670年），让更多的案件直接由国王裁决，国王就可以毫不留情地清理反对派。

两个被处绞刑的犯人

死刑

胆敢违抗国王命令者，可能被判处死刑：如果是贵族，将被斩首；如果是平民，将被绞死。

罗什福尔的海上工地

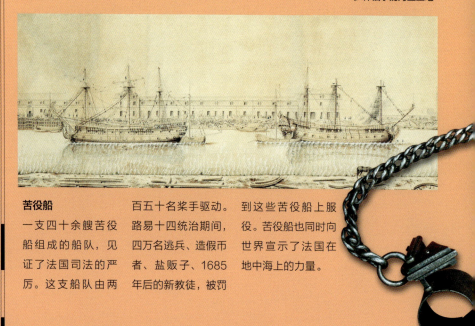

苦役船

一支四十余艘苦役船组成的船队，见证了法国司法的严厉。这支船队由两百五十名桨手驱动。路易十四统治期间，四万名逃兵、造假币者、盐贩子、1685年后的新教徒，被罚到这些苦役船上服役。苦役船也同时向世界宣示了法国在地中海上的力量。

车轮刑

> "费奈隆于多年前就将国王描述
> 成一个强硬、傲慢、奢侈、铁石
> 心肠的人。"

苦役犯的镣铐

**费奈隆（1651 年出生于佩
里戈尔，1715 年在康布雷
去世）**

主张限制王权的神学家，
王孙勃艮第公爵的家庭教
师。1699 年因为纵容一
部批评专制制度的作品发
表而失势。他是君主专制
体制中改良流派的代表，
这个流派一直被路易十四
压制。

费奈隆

司法改革

1670 年，司法改
革让审理程序和法
官预审不再对外公
开。这意味着司法
部门可以用包括酷
刑在内的方式逼迫
招供。与之相对的，
是英国 1679 年
颁布的《人身保护
法》，它确保了被
告人在庭审之前拥
有自由，有权力要
求法院签发的逮捕
令载明缘由，并严
禁严刑逼供。

国王驾崩

凡尔赛宫，1715年8月25日。

这天是圣路易节，在国王的寝殿窗外，人们用鼓、小提琴、双簧管为国王奏起了**晨曲**。

七天以来，路易基本没有离开过他的寝殿。在床头照顾国王的法贡和其他四名医生一开始的诊断是痛风发作，并采取了最基本的疗法。但是他们此刻已看清了真相：**坏疽**（jū）正在夺走国王的生命。

> **晨曲：** 清晨在某人窗外奏乐，表示对此人的敬意。
>
> **坏疽：** 身体出现腐坏的症状。

群臣们开始奔走忙碌。他们时而聚集在国王寝殿附近的房间里，时而赶到奥尔良公爵身边。奥尔良公爵是国王的侄子，未来的摄政。此时谣言四起，每个人都私下传播着自己打听到的新消息，对时事发表自己的评论。

"有人说，巴黎有个赤脚医生，叫作特朗基耶老爹，来向国王推荐他那有神奇疗效的药膏，可结果如何呢，谁也不知道……"

"医生们这次能不能挽救国王的生命呢？"

"令人惊讶的是，医生们延续生命的疗法，竟然让国王坚持了这么长的时间！"

"国王是时候去见上帝了吧？"

"国王的身体一直还不错，两周前我们还和国王一起去猎鹿了呢。"

"上次见到国王起身，还是这个月 13 日，见波斯大使的时候。"

"会见结束之后，国王就被轮椅送到曼特农夫人寝殿的大厅了。"

"战争中的伤心事让他饱受折磨。"

"继承者们一个个死去给他带来了巨大的打击。眼下，他靠的是伟大的灵魂和勇气才能在这样虚弱的情况下支撑这么久。"

"他根本不信任他任命的摄政，他有没有想过把王位传给他的私生子呢？"

"国王的遗诏被密封起来了，我们只能等他死后才能知道了。"

从 1643 年 5 月，路易的母亲王太后安妮从在新王面前行跪礼的那天算起，七十二年过去了。七十七岁的路易，感觉大限将至，想要体面地迎接死亡。圣路易节的晚上，虽说身体已经十分虚弱，路易还是想要和大家一起用餐，还下令让二十四把小提琴在一旁奏乐，就像他一直喜欢的那样。

"我一直以来都和王宫里的人们一起生活。我也希望能在他们的陪伴下死去。"国王这样告诉他最后的一位近臣当若侯爵。

向勒泰利尔神甫告解后，国王接受了凡尔赛教区本堂神甫最后的敷圣油。到场的还有罗昂红衣主教、大约十二位朝臣，还有一直陪在国王身边的曼特农夫人。

第二天，国王向朝臣、侍从、仆人和掌门官们做了最后的道别。

"先生们，我很满意各位的陪伴。大家对我忠心耿耿，都想着要让我开心。要离开你们了，我感到很遗憾。恳请各位今后也要用同样的热忱服侍王储。我要离开了，但是请你们相信，法国会永存的。请你们听从我的侄儿发布的命令，他将会治理王国，我希望他能履行好这份责任。

"我还希望你们能够好好工作，能够偶尔回想起我。你们哭什么呀？你们是不是以为我是长生不死的呀？我

可从来没这么想过。"

是时候交代身后事了。路易先后派人把奥尔良公爵和他的曾孙——未来的国王，叫到他的床前。

"我的侄儿，如你所见，眼下一个国王将迈向他的坟墓，而另一位还在摇篮里。我希望你能好好照顾他——你的国王。把他交到你的手里，我就放心了。从我最后的安排你也能看出，我完全信任你，你是王国的摄政。你的血统给了你这个权力，我的偏爱也让你摄政的位置具备合法性。在国王长大前，请你代他好好治理国家。

　　如果他不幸夭折，你就是国家的主人。"

　　"不过，陛下……"

　　"如果他活了下来，请你务必要让他成为一位信
奉天主的国王。请确保他爱他的子民，并得到子民的
热爱。"

　　接下来，轮到了因为害怕而浑身不停颤抖的小王
储。小王储才五岁半，和路易十四在他父亲去世时的
年岁相仿。

　　老国王用最后的力气，尝试向他说明他将面临的

命运：

"我的孩子，你将成为一位了不起的国王。但是只有服从上帝、体恤（xù）百姓才能体会到做国王的快乐。很不幸，我没能做好这些。你要尽己所能地避免战争，那是人民的地狱。在这方面，你不要学我这个坏榜样。我经常草率地打响战争，又因为虚荣心迟迟不肯停火。不要学我，你要做个爱好和平的君主。你的主要使命，是让百姓能轻松地生活。"

说完这一大段话，累坏了的国王转过头，又睡了过去。

在剩下的日子里，路易每次醒来都会交叉双手不停地祷告。他毫无保留地忏悔着自己的罪孽，向上帝表达自己的信仰，为自己犯下的错误感到后悔。国王希望死时能像生前那样，坚守一个基督徒的本分。他想要在代表教廷的罗马天主教会里死去。

8月28日，国王和曼特农夫人道别，并向她诉说了自己最后的遗愿：

"我修改了遗诏，让我两个亲爱的儿子，缅因公爵和图卢兹伯爵加入摄政委员会。"

"可是陛下，他们的母亲蒙特斯庞夫人从未被封为王

后，给他们正统王子的待遇，是不是不合规矩？"

"我得确保王位继承万无一失……"

"您说得没错，可是您在马德里和凡尔赛各留下了一位波旁家的王子呀！"

国王静默良久，终于又开口了：

"永别了，夫人，我没能让您拥有幸福。但是，我始终对您抱有您所需要的所有尊重和友爱。"

曼特农夫人最后一次亲吻了国王的手。为了不冒犯到将死之人的羞耻心，她先行离去。八十岁的老妇人明白，这几分钟是这三十年共同生活的尾声。

9月1日上午八点，国王驾崩。侍从长布永公爵在大理石殿的阳台上按照礼仪宣告：

"国王驾崩，国王万岁！"

随后守卫们护送新国王前往文森城堡，因为路易认为那里比凡尔赛更安全。

摄政奥尔良公爵撕毁了遗诏，准备亲自统治王国。

在解剖确定国王未曾中毒之后，经防腐香料处理的国王遗体被放入了双层棺椁（guǒ）中。

1715年9月9日晚上九点，国王卫队离开凡尔赛，在第二天到达了位于圣丹尼教堂的王室墓园。路线经过巴黎，国王的丧葬队伍沿途受到了巴黎市民的嘲骂、侮辱，甚至还有人专门把对国王的不满编成了曲子……路易竟然不受欢迎到了这般地步。

路易十四的驾崩

这宣告了法国一个时代的终结。路易十四是法国在位时间最长的君主。在这个时期，法国的国土面积、国防水平、行政管理能力都达到了巅峰。同时还维持了局部的和平。可是路易十四的子民为他的傲慢、野心和对权力以及荣耀的追求而付出了巨大的代价。

曼特农夫人（1635 年出生于尼奥尔，1719 年在圣西尔去世）

她有教养、聪慧而且虔诚，致力于为贵族的女孩们提供良好的教育。从 1683 年起，她成了国王的秘密妻子。她总是被指控（有的指控并不准确）暗中影响国王的政治决策、偏袒一些贵族家族、让王室笃信宗教，从而使王室令人生厌，失去民众的爱戴。

曼特农夫人

路易十五离开裁定路易十四遗诏无效的最高法庭会议

王位继承

和许多国王一样，路易十四是在巴黎人的仇恨和敌视中下葬的。假借路易十四的曾孙，也是王位继承者路易十五的名义，摄政人员立刻决定不服从路易十四的遗诏，并且将路易十四夺走的权力都归还了巴黎市议会。

路易十四的葬礼

"在剩下的日子里，路易每次醒来都会交叉双手不停地祷告。"

荣军院

荣军院

在 1715 年已经收容了三千名老兵、伤兵的荣军院，正好暴露了路易十四统治时期的军队矛盾。一方面，荣军院是为了展现国王对军人的体恤而建；但同时，它又像一座监牢，无依无靠的老兵们在里头需要遵守严格的纪律，和待在修道院里没有两样。

历史上的路易十四

同时期的见证者们

路易十四在位七十二年，亲政五十四年，从闪闪发光的年轻人变成了庄严朴素的老人。众多的见证者意识到自己正与一位伟人共事，所以得益于他们，我们可以管窥路易十四的统治成果和永远暴露在朝臣及贵族面前的生活。这些见证者包括：他的弟媳帕拉蒂娜（1652年—1722年）、塞维尼夫人（1626年—1696年）、圣西蒙伯爵（1675年—1755年），还有一些默默无闻的人物，例如国王的医生居伊克雷桑·法贡（1638年—1718年）。

金色传说和黑色传说

第一个敢于描写太阳王统治的，是伏尔泰。在1751年，他发表了《路易十四的世纪》。从那之后，无数研究路易十四的历史学家，纠结于到底应该展现人们对国王的狂热崇拜，还是对国王的过分傲慢进行批判。直到今天，这种对立依旧存在。历史学家们分为两个阵营：一方是君主派，沿袭了皮埃尔·加克索特（1895年—1982年）的观点；另一方则是共和派，尊崇埃内斯特·拉维斯（1842年—1922年）的观点。双方争论的焦点主要集中在君主专制制度，以及这种制度对法国人民政治生活的影响。

让·德·拉封丹（1621年—1695年）

拉封丹有很多贵人扶助，一开始是富凯，之后是其他有权势的人物。他与许多同时期的文坛名家交好：塞维尼夫人、查理·佩罗、莫里哀、布瓦洛、拉辛……在《拉封丹寓言》大获成功之前，他尝试写作了各种体裁的作品。1684年，他当选为法兰西学院院士。虽然获此殊荣，他仍然对路易十四的统治保持着清醒的认知。他不顾国王和教会的命令，经常和无信仰者们混在一起。

历史学家们与路易十四

作为历史学家，需要将路易十四重新放回他的时代，放到他的家人、朝臣和艺术家们中间。伏尔泰曾说："我们并不是只想描写路易十四的生活……我们希望向后世展示……生活在这个最光明时代的人们的思想。"

皮埃尔·古贝尔就在他的著作中实践了这种思想，同时他还关注了当时法国普通百姓的命运。

本书作者立场

路易十四是法国历史上一座名副其实的丰碑。直到今日，许多优秀的历史学家依旧热衷于研究他的事迹和成就。我们能做的，就是巨细无遗地向读者们呈现这位伟大人物的生平事迹。

我们面临的主要困难有：怎么才能从这位君主身上看到他真实的自我？如何透过他的行为，猜出这位伟人的真实想法？路易一直以来都努力掩饰他的真实性格。因为在他看来，处事镇定自若与他的威严和崇高密不可分，是作为君王最重要的品质之一。

或许这就是路易十四真正的才华所在：他像一个谜，一个永远无法让人完全看透的谜。

弗朗索瓦马里·阿鲁埃，即伏尔泰（1694年—1778年）

这位法国启蒙运动中的著名哲学家对路易十四十分着迷，并为他写了传记。最令伏尔泰崇拜的是，路易十四鼓励支持作家、艺术家和建筑师的创作。这种做法不仅铸就了自己身为君主的荣耀，还成就了法国文化未来几个世纪的盛名。

伏尔泰（《路易十四的世纪》一书的作者）

图片来源

10 左：《路易十三进入拉罗谢尔》，P. 库尔蒂约，奥尔比尼－贝尔农博物馆，拉罗谢尔ⓒAKG/E. 莱辛

右上：路易十五的王冠，A. 迪弗洛，罗浮宫博物馆，巴黎ⓒ法国国家博物馆联合会－大王宫/贝克科波拉先生

下：《奥地利的安妮》，根据吕本斯叙述，凡尔赛宫特里阿农城堡ⓒ法国国家博物馆联合会－大王宫/热拉尔·布洛

11 上：《1659 年 11 月 7 日，路易十四和腓力四世的会晤》，洛莫尼耶，泰塞博物馆，勒芒ⓒ布里奇曼艺术图书馆/法国国立艺术史研究所

下：《枢机主教马萨林》，Ph. 德·尚佩涅，孔德博物馆，尚蒂利ⓒ法国国家博物馆联合会－大王宫/H. 布雷雅

22 中：《路易十四参观戈布兰王室工场》，根据 Ch. 勒布兰叙述，凡尔赛宫特里阿农城堡，凡尔赛ⓒ法国国家博物馆联合会－大王宫/

Ch. 让/J. 朔尔曼

下：《J.B. 柯尔培尔》，C. 勒菲弗，凡尔赛宫特里阿农城堡ⓒ法国国家博物馆联合会－大王宫/热拉尔·布洛

23 上：《小麦交易港和兑换桥》，巴黎，卡尔纳瓦莱博物馆，巴黎ⓒ布里奇曼艺术图书馆/法国国立艺术史研究所/沙尔梅基金会

中：《农民家庭在室内》，L. 勒南，罗浮宫，巴黎ⓒ法国国家博物馆联合会－大王宫/F. 罗

下：《卢瓦侯爵》，C.-A. 埃罗，凡尔赛宫特里阿农城堡ⓒ法国国家博物馆联合会－大王宫/热拉尔·布洛

34 左上：《圣丹尼凯旋门》，卡尔纳瓦莱博物馆，巴黎ⓒ布里奇曼艺术图书馆/法国国立艺术史研究所

中：《套环游戏》，1662 年，市立图书馆，凡尔赛ⓒ法国国家博物馆联合会－大王宫

35 上：《法国和意大利的演员们》，法兰西剧院，巴黎ⓒ法国国家博物馆联合

会－大王宫/比洛

下：《扮作阿波罗的路易十四》，法国国立图书馆ⓒ法国国家博物馆联合会－大王宫/比洛

46 上：《围攻图尔奈》，A.F. 范德默伦，凡尔赛宫特里阿农城堡ⓒ法国国家博物馆联合会－大王宫/热拉尔·布洛/R.G. 奥热达

下：《胜利女神为路易十四加冕》，凡尔赛宫，P. 米尼亚尔作品ⓒ法国国家博物馆联合会－大王宫/D. 阿诺代

47 上：《图尔奈防御工事地图》，美术博物馆，里尔ⓒ法国国家博物馆联合会－大王宫/热拉尔·布洛/R.G. 奥热达

下：《地雷爆炸》，出自《围城战条约》，陆军历史办公室ⓒ布里奇曼艺术图书馆/法国国立艺术史研究所

58 左上：《大理石庭院》，凡尔赛宫ⓒ法国国家博物馆联合会－大王宫/D. 阿诺代

上：《国王居所》，C. 阿尔基内，凡尔赛宫特里阿农城堡ⓒ法国国家博物馆联

会－大王宫/热拉尔·布洛

下：《衣着花哨的女子正在散步》，博纳尔，卡尔纳瓦莱，巴黎ⓒ艺术档案室/卡尔纳瓦莱博物馆/G. 达利－奥尔蒂

59 上：《1668 年的凡尔赛宫》，P. 帕特尔，凡尔赛宫特里阿农城堡ⓒ法国国家博物馆联合会－大王宫/热拉尔·布洛

中：《路易十四接见波斯大使》，A. 夸佩尔，凡尔赛宫特里阿农城堡ⓒ法国国家博物馆联合会－大王宫/热拉尔·布洛

下：凡尔赛宫宫门ⓒ伽利玛出版社/B. 勒诺尔芒

70 左上：《火刑架上的异教徒》，选自《刑罚清单》，市档案馆，里尔ⓒ法国国家博物馆联合会－大王宫/Ph. 贝尔纳

下：《龙骑兵逼迫一名异教徒签署皈依天主教的文件》，恩格尔曼，1686 年，法国国立图书馆－伽利玛档案馆藏品

71 上：《天主教圣体瞻礼仪式游行》，1710 年—1740 年作，老艾克斯博物馆，普罗旺斯地区艾

克斯◎ J. 贝尔纳

下：《审讯波尔罗亚尔修道院里的修女》，18 世纪，波尔罗亚尔博物馆，马尼莱阿莫◎法国国家博物馆联合会－大王宫/Th. 奥利维耶

右下：《波舒哀》，H. 里戈，罗浮宫博物馆，巴黎◎法国国家博物馆联合会－大王宫/J. 朔尔曼

80 上：《波尔多港》，J. 韦尔内，海军博物馆◎法国国家博物馆联合会－大王宫

下：《品尝巧克力》，代尔夫特，1710 年，国立陶瓷博物馆，塞夫尔◎法国国家博物馆联合会－大王宫/贝克科波拉先生

81 左下：《七善行》，D. 泰尼耶二世，罗浮宫博物馆，巴黎◎法国国家博物馆联合会－大王宫/J.G. 贝里齐

右下：《交给领主的佃租》，选自《格言》（拉尼耶），1657 年，法国国立图书馆－伽利玛档案馆藏品

92 左：《1707 年 10 月 21 日，从康沃尔利扎尔德角所见的海战》，Th.J.A. 居丹，凡尔赛宫特里阿农城堡◎法国国家博物馆

联合会－大王宫/热拉尔·布洛

下：《着盛装的路易十四》，根据 H. 里戈叙述，凡尔赛宫特里阿农城堡◎法国国家博物馆联合会－大王宫/热拉尔·布洛

93 上：《荷兰呢绒公司》，伦勃朗，荷兰国立博物馆，阿姆斯特丹◎ AKG

中：《英国下议院》，W. 霍拉，装饰艺术博物馆，巴黎◎布里奇曼艺术图书馆/法国国立艺术史研究所/沙尔梅基金会

下：《腓力五世》，1700 年—1701 年，H. 里戈，凡尔赛宫特里阿农城堡◎法国国家博物馆联合会－大王宫/热拉尔·布洛

102 左上：《两个被处绞刑的犯人》，勒盖尔辛，罗浮宫博物馆，巴黎◎法国国家博物馆联合会－大王宫/Th. 勒马热

下：《罗什福尔的海上工地》，N. 贝尔坎◎国立海军博物馆/P. 当泰克

103 上：《车轮刑》，C. 卡洛，巴古安博物馆，克莱蒙费朗◎布里奇曼艺术图书馆/法国国立艺术

史研究所

中：镶嵌，圣马洛城历史博物馆◎布里奇曼艺术图书馆/法国国立艺术史研究所

下：《费奈隆》，J. 维维安，凡尔赛宫特里阿农城堡◎法国国家博物馆联合会－大王宫/热拉尔·布洛

114 中：《路易十四的葬礼》，个人收藏◎阿谢德

左下：《曼特农夫人》，根据 P. 米尼亚尔作品，罗浮宫博物馆，巴黎◎法国国家博物馆联合会－大王宫/D. 阿诺代

115 上：《路易十五离开裁定路易十四遗诏无效的最高法庭会议》，P.D. 马丁，卡尔纳瓦莱博物馆，巴黎◎布里奇曼艺术图书馆/法国国立艺术史研究所

下：荣军院，圣路易堂◎法国国家博物馆联合会－大王宫/J.G. 贝里齐

116：《拉封丹》，佚名，凡尔赛宫特里阿农城堡◎法国国家博物馆联合会－大王宫/热拉尔·布洛

117：《伏尔泰》，1735 年，M.Q. 德·拉图尔，安托万·勒

屈耶博物馆，圣康坦◎法国国家博物馆联合会－大王宫/热拉尔·布洛